DINOSAURIER

Lesen, wissen, rätseln

Text von **Heike Huwald**
Illustrationen von **Franco Tempesta**

circon

BILDNACHWEIS

© **Dinosaurier-Park Münchehagen GmbH & Co. KG:** 7 u.; **dpa Picture Alliance, Frankfurt:** picture alliance/Mary Evans Picture Library 7 o., picture alliance/WaterFrame 52 u.; **fotolia.com:** Falk 64; **mauritius images:** 6 o., 6 u., 12 o., 13 u.; **shutterstock.com:** W. Scott Mc Gill 12 u., corlaffra 13 o., Pimonpim w 52 o., iwciagr 53 o., Jarous 53 M., Mvijit 53 u., VectorShow (Dinosaurier-Icons), Ton Bangkeaw 45, kamomeen 45, Dotted Yeti 45, 47, 61, SciePro 45, YuRi Photolife 45, 47, PixelSquid3d 47, Catmando 47, Suwat wongkham 47, Victor Metelskiy 61, Rätsel-Sticker: frantic00 14, Matis75 14, thaloengsak 14, paulista 14, Warpaint 14, 15, 46, 60, MaaDerLaa 14, lcrms 14, Javier Ballester 14, SebastianO Photography 14, krugloff 14, Rafael Trafaniuc 15, SciePro 15, 60, Esteban De Armas 15, Kostiantyn Ivanyshen 15, Dotted Yeti 15, Vac1 45, Maximillian cabinet 45, Jiang Zhongyan 45, 3drenderings 45, 46, pisanstock 45, Martina_L 45, Bee_acg 46, YuRi Photolife 46, 60, kamomeen 46, 60, Noiel 46, Ton Bangkeaw 46, Oliver Denker 54, hyotographics 54, Framalicious 54, MAX79 54, Romolo Tavani54, LuYago 54, Shipovalov Aleksandr 54, Denis---S 54, Johan Swanepoel 55, seasoning_17 55, Worraket 55, Adrian Eugen Ciobaniuc 55, Damsea 55, Jarous 55, wildestanimal 55, kzww 55, Panaiotidi 55, Daniel Eskridge 60, DM7 60, photosounds 61, Olhastock 61, Krakenimages.com 61, Rawpixel.com 61, Valdis Skudre 61, Artem Oleshko 69, Spaß-Sticker: Esteban De Armas, Herschel Hoffmeyer, Michael Rosskothen, Catmando, Kostiantyn Ivanyshen, Elenarts, Dotted Yeti, Daniel Eskridge, Orla, freestyle images, DM7

© Circon Verlag GmbH
Baierbrunner Straße 27, 81379 München
Ausgabe 2024

Text: Heike Huwald (Wissen), Svenja Ernsten (Rätsel)
Illustrationen: Franco Tempesta
Redaktion: Jennifer Döhring
Fachredaktion Wissen: Dr. Heidi Schooltink
Produktion: Ute Hausleiter
Abbildungen: siehe Bildnachweis oben
Titelabbildungen: U1: Franco Tempesta (Illustrationen), adobestock.com: annaspoka (Glühbirne), Hubba Bubba (Sticker); U4: Franco Tempesta (o.); shutterstock.com: andrea crisante (u.); adobestock.com: Abdie (Hintergrundelemente)
Gestaltung: Enrico Albisetti (Wissen), Editors Genie (Rätsel)
Umschlaggestaltung: Irina Gilgen, Köln

ISBN 978-3-8174-4679-7
381744679/1

www.circonverlag.de

INHALT

REISE IN DIE URZEIT

DIE DINOSAURIER

GEHEIMNISSE UND UNGLAUBLICHES

ERFORSCHE DIE DINOSAURIER!

ENTWICKLUNGS-GESCHICHTE DES LEBENS

Unsere Erde entstand vor etwa 4,6 Milliarden Jahren. Damals sah alles ganz anders aus als heute. Es herrschten sehr hohe Temperaturen, weswegen die Oberfläche der Erde flüssig war. Es dauerte einige Hundert Millionen Jahre, bis sie so weit abgekühlt war, dass eine feste Kruste entstehen konnte. Die Abkühlung sorgte außerdem dafür, dass aus Wasserdampf flüssiges Wasser wurde – so entstanden die Meere. In ihnen gab es dann die ersten Lebewesen: einfache, einzellige Bakterien. Die Erde war schon vier Milliarden Jahre alt, als sich die ersten Lebewesen entwickelten, die aus mehreren Zellen bestanden.

ERDALTERTUM (PALÄOZOIKUM): VIELE NEUE LEBEWESEN

Erst vor 550 Millionen Jahren bildeten sich allmählich Tiere und Pflanzen. Zuerst im Meer, dann an Land. Das war die Geburtsstunde der ersten Amphibien und Reptilien. Das Erdaltertum dauerte etwa 300 Millionen Jahre an und endete mit dem größten Massensterben aller Zeiten: Etwa 90 Prozent aller Lebewesen wurden damals ausgelöscht. Die genaue Ursache ist bis heute nicht erforscht, vermutlich spielten aber Vulkanausbrüche und Klimaveränderungen eine Rolle, die die Lebensbedingungen auf der Erde dramatisch veränderten.

ERDMITTELALTER (MESOZOIKUM): DIE DINOS KOMMEN!

Aus den wenigen Lebewesen, die anschließend noch übrig waren, entwickelten sich im Erdmittelalter vor rund 250 Millionen Jahren die ersten Vorfahren der Dinosaurier: die Archosaurier. Das Erdmittelalter teilt sich in drei Zeitabschnitte: Trias, Jura und Kreide.

Trias (250 bis 201 Millionen Jahre)

Auf der Erde gab es nur eine einzige große Landmasse. Sie wird Pangäa genannt. Dieser Superkontinent war umgeben von einem riesigen Meer. Das Land selbst bestand größtenteils aus Wüste. Nur an den Rändern gab es große Sumpfgebiete und dort regnete es viel. Urtümliche Pflanzen wie Farne und Schachtelhalme wuchsen auf diesem magischen Land. Es gab Wälder mit Palmfarnen, Nadelbäumen und anderen urzeitlichen Bäumen. Im Trias entstanden die ersten Flugsaurier, urzeitliche Krokodile und vor etwa 225 Millionen Jahren die allerersten Dinosaurier.

Jura (200 bis 145 Millionen Jahre)

Die Zeit von vor 200 bis 145 Millionen Jahren bezeichnet man als Jura. In dieser Zeit hat sich der Superkontinent Pangäa in zwei Teile geteilt. Jetzt gab es also schon zwei riesige Landmassen auf der Erde. Neu entstandene flache Meere sorgten außerdem für deutlich mehr Regen. Dadurch entwickelten sich viele neue Pflanzen und dichtere Wälder. In den Ozeanen gab es nun riesige Meeresreptilien. Die pflanzenfressenden Dinosaurier hatten jetzt so viel zu essen, dass auch größere Arten überleben konnten.

Kreide (144 bis 66 Millionen Jahre)

In der Kreidezeit brachen die beiden großen Landmassen in kleinere Teile und es entstanden noch mehr Meere. Jetzt sah die Erde schon fast ein bisschen so aus, wie wir sie heute kennen. Es gab Jahreszeiten und zu manchen Zeiten bekamen die Dinosaurier kalte Füße. Das lag an den Klimazonen: Während es am Äquator gleichmäßig warm blieb, wechselten sich in der Nähe des Nord- und Südpols kalte und warme Monate ab. Laubbäume und erste Blütenpflanzen entwickelten sich. In der Kreidezeit lebten berühmte Dinosaurierarten wie *Tyrannosaurus rex* oder *Ankylosaurus*. Doch eine weltweite Katastrophe beendete die Kreidezeit und löschte alle großen Dinosaurier aus.

In der Kreidezeit zerbrachen die beiden großen Kontinente in kleinere Teile.

ERDNEUZEIT (KÄNOZOIKUM): SÄUGETIERE EROBERN DIE ERDE

Nach dem Aussterben der Dinosaurier vor rund 65 Millionen Jahren entstanden viele Säugetierfamilien. Zunächst bestand die Erde noch überwiegend aus feuchtem Dschungel, wurde jedoch langsam immer trockener. Im Laufe der Zeit wurden die Säugetiere größer. In der Neuzeit entstanden Gebirge sowie Grasland und in der Antarktis bildete sich Eis. Die Steppen und das kalte Klima boten großen pflanzenfressenden Säugetieren optimale Entwicklungsbedingungen. Vor fast sechs Millionen Jahren entstanden die ersten Mammuts. Erst später entwickelten sich die ersten, weit entfernten Vorfahren von uns Menschen: Die Neandertaler lebten vor 200.000 Jahren.

Das Alter der Erde

Mithilfe von Gesteinen konnten Physiker bestimmen, wie alt unsere Erde höchstwahrscheinlich ist: 4,55 Milliarden Jahre.

Abbildung eines Mammuts

DIE ERSTEN MENSCHEN

Auch vor den Neandertalern gab es verschiedene Arten der Gattung Homo – das ist das lateinische Wort für „Mensch". 2013 haben Forscher in Äthiopien einen Kieferknochen gefunden, der beweist, dass die ersten Frühmenschen schon vor 2,8 Millionen Jahren gelebt haben. Vor etwa 120.000 Jahren hat sich der „Homo sapiens", lateinisch für „der wissende Mensch", in Afrika entwickelt und sich dann vor etwa 50.000 Jahren auf der ganzen Welt verbreitet.

Cromagnon-Mann

Kopfskelett eines *Tyrannosaurus rex*

Das gefährlichste Raubtier aller Zeiten

Dinosaurier wie Tyrannosaurus rex *empfinden wir als sehr gefährlich und angsteinflößend. Dabei ist das gefährlichste Raubtier aller Zeiten in Wahrheit der Mensch. Denn Menschen sind in der Lage, hoch technisierte Waffen zu entwickeln und zu benutzen. Und dagegen hätten selbst die furchteinflößendsten Dinosaurier keine Chance gehabt.*

WAS SIND DINOSAURIER?

Das Wort Dinosaurier setzt sich aus zwei griechischen Wörtern zusammen: „Deinos" heißt „schrecklich" und „sauros" bedeutet „Echse". Also sind Dinosaurier „schreckliche Echsen". Der britische Naturforscher Sir Richard Owen (1804–1892) hat diese Bezeichnung im Jahr 1842 erfunden.

Seitdem haben Forscher immer mehr Versteinerungen gefunden und untersucht und dabei festgestellt, dass es ganz viele verschiedene Arten von Dinosauriern gegeben hat, die aber doch einiges gemeinsam hatten:

MERKMALE VON DINOSAURIERN:

- Dinosaurier haben nur während des Erdmittelalters gelebt. Sie sind vor rund 225 Millionen Jahren entstanden und vor 65 Millionen Jahren ausgestorben.
- Dinosaurier zählen zu den Reptilien.
- Alle Dinosaurier hatten eine ganz bestimmte Beinstellung: Ihre säulenförmigen Beine befanden sich direkt unter dem Körper.
- Dinosaurier lebten ausschließlich an Land. Natürlich gab es auch Saurier, die im Meer lebten oder fliegen konnten – die nennt man aber nicht DINOsaurier, sondern Pterosaurier (Flugsaurier) oder Ichthyosaurier (Fischsaurier).

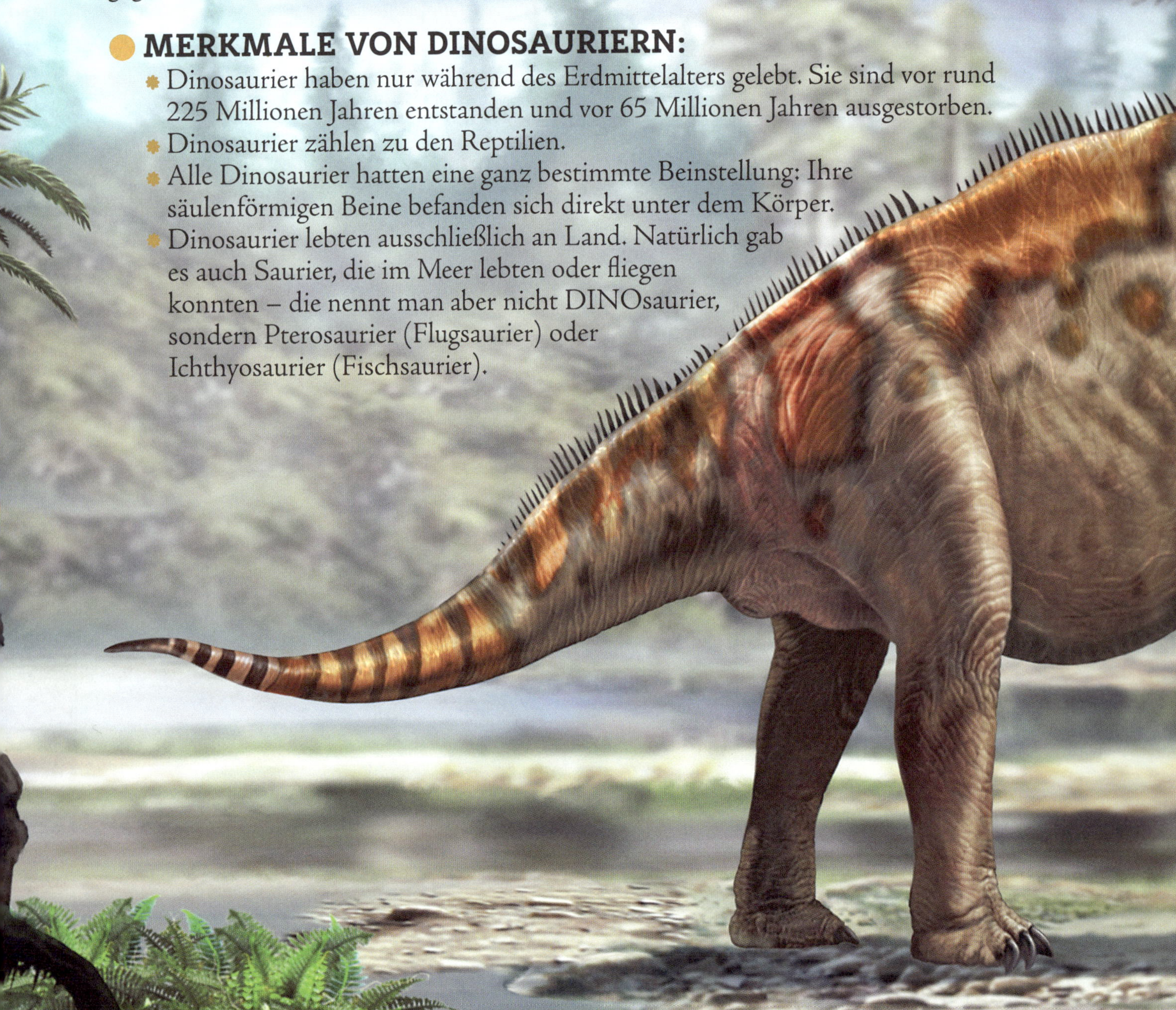

DINOSAURIER-ORDNUNG

Niemand weiß, wie viele verschiedene Dinosaurier es gegeben hat. Bekannt sind mittlerweile über 1000 verschiedene Arten – doch jedes Jahr entdecken Forscher wieder rund 30 neue.

Die Dinosaurier, die wir bisher kennen, lassen sich in zwei große Gruppen einteilen, die sich aus der Analyse ihrer Skelette – genauer des Beckenknochens – ergeben haben.

Echsenbecken-Dinosaurier

Die Beckenknochen der einen Gruppe sind angeordnet wie bei Reptilien. Das sind die „Saurischia", die Echsenbecken-Dinosaurier. Sie sind unterteilt in zwei weitere Untergruppen: die Theropoden und die Sauropodomorpha. Die ersten sind Fleischfresser, die auf zwei Beinen laufen. Zu ihnen zählt zum Beispiel *Tyrannosaurus rex*. Die zweiten sind Pflanzenfresser und ihr berühmtester Vertreter ist *Brachiosaurus*.

Vogelbecken-Dinosaurier

Die Beckenknochen der anderen großen Dinosaurier-Gruppe sind ausgerichtet wie bei Vögeln, das sind die „Ornithischia". Sie sind Pflanzenfresser und haben einen kleinen Hornschnabel an ihrem Unterkiefer. Ein bekannter Dinosaurier aus dieser Gruppe ist *Triceratops*.

Ungeklärte Verwandtschaftsverhältnisse

Verwirrend ist, dass Vögel die Nachfahren von Theropoden sind – also von Echsenbecken-Dinosauriern und nicht von Vogelbecken-Dinosauriern. Das liegt möglicherweise daran, dass man die Theropoden lange falsch einsortiert hat. Aktuelle Forschungen gehen nämlich davon aus, dass die Theropoden stärker mit den Vogelbecken-Dinosauriern als mit den Sauropodomorpha verwandt sind.

FORSCHUNG

Unser gesamtes Wissen über Dinosaurier stammt von Fossilien. Das lateinische Wort „fossilis" heißt auf Deutsch „ausgegraben". Das leitet sich von „fodere", dem lateinischen Wort für „graben", ab. Forscher untersuchen versteinerte Knochen, Eier, den Inhalt von Mägen, Ausscheidungen oder Fußspuren von Dinosauriern und können daraus viele wichtige Erkenntnisse über das Leben der Urzeittiere gewinnen.

WIE ENTSTEHEN VERSTEINERUNGEN?

Die meisten Dinosaurier sind nach ihrem Tod verwest oder wurden aufgefressen und verdaut. Von ihnen ist also nichts mehr übrig geblieben. Von anderen sind Versteinerungen entstanden. Wenn beispielsweise ein Dinosaurier in der Nähe eines Flussufers starb und daraufhin im Schlamm versank, dann zersetzte sich zunächst sein weiches Gewebe – die Knochen jedoch blieben erhalten. In ihnen lagerten sich Mineralien an, die die Knochen noch härter und widerstandsfähiger machten. Vergraben unter Sand und Steinen und ohne Sauerstoff können sie viele Millionen Jahre bestehen bleiben – und heute noch dort gefunden werden.

KNOCHEN TAUCHEN AUF

Weil sich im Laufe vieler Jahrtausende die Erde verändert hat und Wind und Wasser obere Erdschichten abgetragen haben, kann es sein, dass versteinerte Knochen plötzlich an die Oberfläche gelangen. Wenn keiner die Knochen entdeckt, dann verwittern sie. Aber falls jemand einen Knochen findet, dann können Wissenschaftler an diesem Ort möglicherweise noch viele weitere Knochen und vielleicht sogar ein ganzes Dinosaurier-Skelett ausgraben.

NEUE ERKENNTNISSE DURCH MODERNE TECHNIK

Zunächst bergen die Forscher bei ihren Ausgrabungen ihre Funde vorsichtig mit Hammer und Pinsel. Außerdem stehen den Wissenschaftlern heutzutage viele neue Techniken zur Verfügung, mit denen sie anhand der Fundorte und -stücke immer genauere Details über das Leben der Dinosaurier herausfinden können. Mithilfe von Computeranimationen ist es inzwischen möglich, Bewegungen und Verhaltensweisen der Urtiere nachzuvollziehen. Das bedeutet aber auch, dass sich unser Wissen über die Dinosaurier ständig weiterentwickelt und verändert. Und so sind die Giganten der Urzeit auch heute noch äußerst rätselhaft und faszinierend.

WERTVOLLE „DINO-HÄUFCHEN“

Kot eines pflanzenfressenden Dinosauriers

Nicht nur versteinerte Knochen geben uns Auskunft über das Leben der Dinosaurier. Aussagekräftig sind auch versteinerte Kothäufchen. Anhand von ihnen können Forscher herausfinden, wovon und wie ein Dinosaurier sich ernährt hat. In solchen Kothaufen finden sich zum Beispiel versteinerte Fischschuppen, Muschelschalen, Zähne oder Knochen. Allerdings sind diese Kotsteine gar nicht so einfach zu finden. Bei kleineren Sauriern sehen sie aus wie Hundehaufen. Die Haufen größerer Dinosaurier sind dagegen schwere, große Fladen.

DINOSAURIER-DÜNGER

In England fanden Forscher Ende des 19. Jahrhunderts sehr viele Dinosaurier-Häufchen. Doch leider haben sie die Versteinerungen wegen ihres hohen Gehalts an Mineralien klein gemahlen und als Dünger verkauft. Insgesamt sind auf diese Weise zwei Millionen Tonnen Kotsteine auf Feldern und Beeten gelandet.

140 Millionen Jahre alter Dinosaurier-Kot (Koprolith)

Koprolithen

Wissenschaftler bezeichnen versteinerte Häufchen ganz vornehm als „Koprolithen“. Das kommt aus dem Griechischen und heißt „Kotsteine“.

ALTERSBESTIMMUNG VON DINOSAURIER-KNOCHEN

Woher wissen Forscher eigentlich, wie alt die versteinerten Knochen sind, die sie gefunden haben? Das ist gar nicht so einfach.
Es gibt verschiedene Möglichkeiten, das Alter zu bestimmen.
Manchmal können Forscher das Alter eines Knochens herausfinden, indem sie zuerst das Alter des Gesteins feststellen, in dem dieser eingeschlossen war. Oder sie finden verschiedene Fossilien in der gleichen Gesteinsschicht. Dann sind diese Lebewesen wahrscheinlich ungefähr zur gleichen Zeit gestorben. Wenn dann das Alter einer Art bekannt ist, stammen die restlichen Arten vermutlich aus einer ähnlichen Zeit.

Gesteinsformation aus der Zeit des Jura

RADIOAKTIVITÄT ALS HILFE

Eine weitere Methode ist die Bestimmung mithilfe von Radioaktivität. Sie heißt „radiometrische Altersbestimmung" und funktioniert folgendermaßen: Eine Probe besteht aus verschiedenen chemischen Elementen, verschiedenen „Isotopen". Einige davon sind radioaktiv. Nach einer bestimmten Zeit verwandeln sie sich in ein anderes Isotop. Aus dem Verhältnis der beiden Isotope können Forscher dann zurückrechnen, wie alt eine Probe sein muss.

Farbanalyse

Dank moderner Methoden können Forscher auch winzige Pigmentreste von Versteinerungen untersuchen. Und so wissen wir jetzt, dass der Schwanz eines Sinosauropteryx ein braun-weiß gestreiftes Federkleid hatte. Der Rücken war dagegen braun und der Bauch hell gefärbt.

Richtige Reihenfolge finden

Welche Lebewesen gab es zuerst? Nummeriere richtig und klebe die passenden Sticker vom Stickerbogen auf.

Neandertaler

Mammut

Pflanzenfressende Dinosaurier

Fleischfressende Dinosaurier

Bakterien

Amphibien und Reptilien

Welche Werkzeuge benutzen Dinoforscherinnen und -forscher?

Bringe die Buchstaben in die richtige Reihenfolge und klebe die entsprechenden Sticker vom Stickerbogen ein.

PSINEL

TOLAPP und DYHAN

MAMEHR

SMELEIS

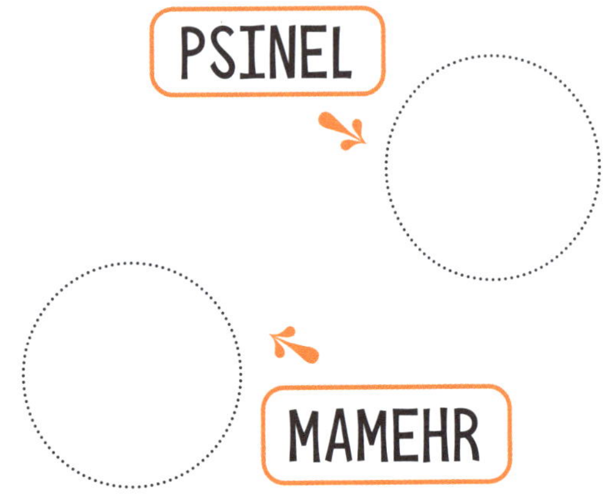

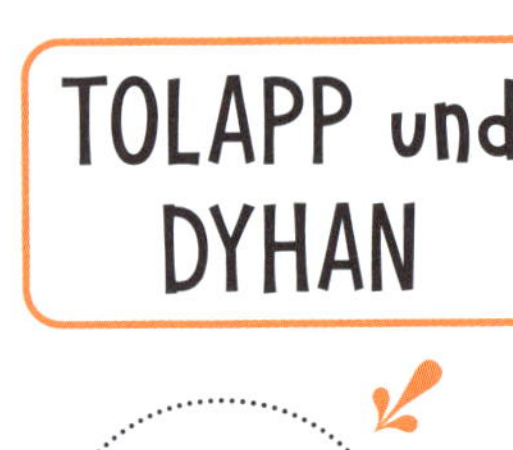

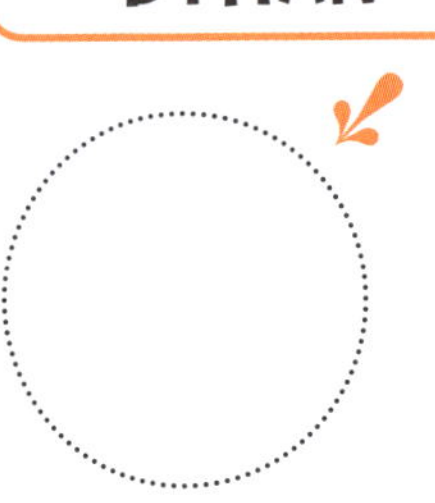

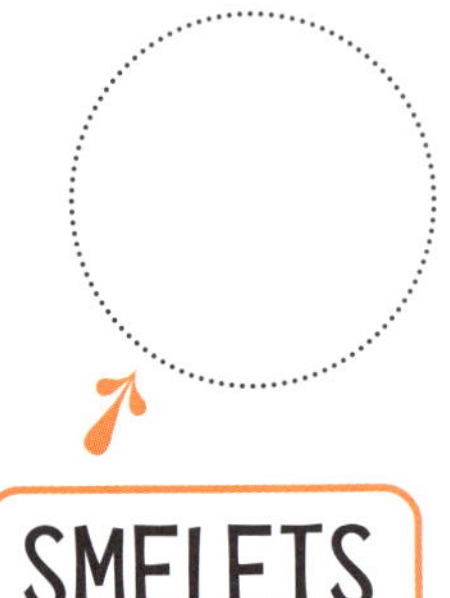

Bist du ein Dino-Experte?

Es gibt viele verschiedene Begriffe rund um Dinosaurier. Ordne den Erklärungen die richtigen Bilder zu. Die Sticker findest du auf dem Stickerbogen.

Eine Versteinerung nennt man auch Fossil.

Pterosaurier sind Dinosaurier, die in der Luft leben.

Ichthyosaurier sind Fischsaurier.

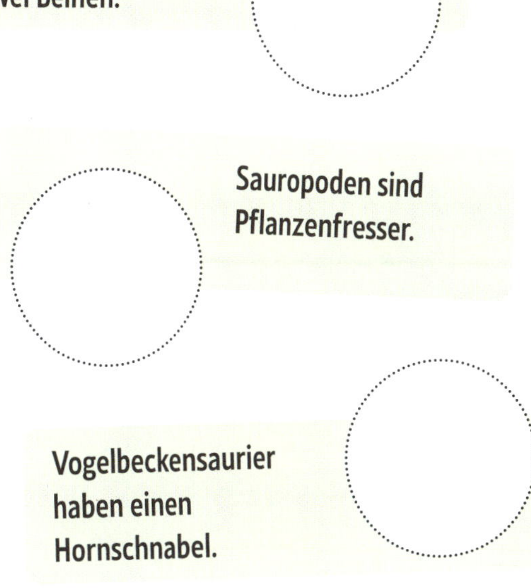

Theropoden sind Fleischfresser auf zwei Beinen.

Sauropoden sind Pflanzenfresser.

Vogelbeckensaurier haben einen Hornschnabel.

Suchsel

Findest du die 8 Wörter zum Thema Dinosaurier, die in diesem Gitter waagerecht, senkrecht, vorwärts, rückwärts und auch diagonal geschrieben versteckt sind? Kreise sie ein!

TRIAS, JURA, KREIDE, KOPROLITH, RADIOAKTIV, CROMAGNON, MESOZOIKUM, SKELETT

R	A	D	I	O	A	K	T	I	V	R	T	E	T
O	E	U	E	D	I	E	R	K	I	N	I	M	T
C	R	O	M	A	G	N	O	N	T	A	R	T	E
O	H	D	A	N	V	P	T	N	P	R	A	S	L
K	O	P	R	O	L	I	T	H	R	V	I	A	E
M	E	M	U	K	I	O	Z	O	S	E	M	A	K
R	S	I	J	V	M	B	T	C	O	G	H	N	S

Kreuzworträtsel

Löse das Kreuzworträtsel. Trage die Buchstaben aus den farbig markierten Feldern unten ein. Wie heißt das Lösungswort? Umlaute werden als 2 Buchstaben ausgeschrieben.

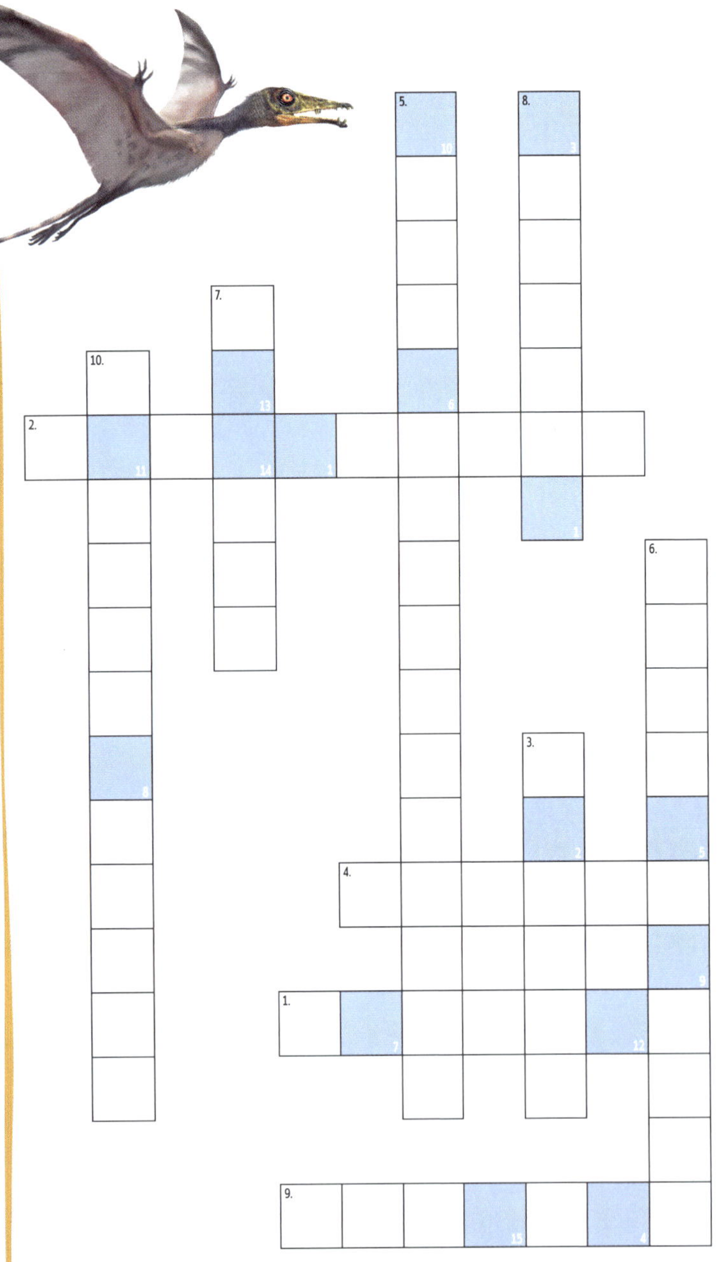

1. Die vollständigen Knochen eines Dinosauriers nennt man ...
2. Die Knochen bleiben erhalten, denn in ihnen lagern sich ... ab.
3. Die Fossilien kommen an die Oberfläche, da Wind und ... die Erdschichten abtragen.
4. Forscherinnen und Forscher graben die Fossilien vorsichtig mit Hammer und ... aus.
5. Mithilfe von Computeranimationen kann man Bewegungen und ... von Urtieren darstellen.
6. Versteinerte Kothaufen nennt man ...
7. In den Kothaufen fanden Forscherinnen und Forscher Fischschuppen, Muschelschalen, ... und Knochen.
8. Ende des 19. Jahrhunderts verkauften die Engländer Dinosaurierkothaufen als ...
9. Wie alt gefundene Knochen sind, können Forscherinnen und Forscher herausfinden, indem sie das Alter von dem ... bestimmen, in dem es lag.
10. Welche Farbe bestimmte Körperteile der Dinos hatten, können Forscherinnen und Forscher bestimmen, indem sie die ... untersuchen.

Lösungssatz: Mithilfe von

1	2	3	4	5	6	7	8	9	10	11	12	13	14	15

können Forscherinnen und Forscher herausfinden, wie alt ein Fundstück ist.

Unterschiede finden

Im unteren Bild haben sich 8 Fehler eingeschlichen.
Findest du sie? Kreise sie ein.

EORAPTOR

RÄUBER AUS DEM „TAL DES MONDES“

Der „Frühe Jäger“ – das bedeutet *Eoraptor* – war etwa einen Meter lang und wog rund zehn Kilogramm. Einem Menschen hätte er ungefähr bis ans Knie gereicht. Sein Schädel war rund zwölf Zentimeter lang. Mit seinen Zähnen konnte er sowohl tierische als auch pflanzliche Nahrung zerkleinern.

EINER DER ERSTEN DINOSAURIER

Eoraptor gehört zu den ältesten uns bekannten Dinosauriern. Vermutlich war er recht intelligent und schnell. Auf zwei kräftigen Beinen bewegte er sich hauptsächlich durch Wälder. *Eoraptor* hat unterschiedliche Merkmale verschiedener Sauriergruppen, darum können Forscher ihn nicht so richtig einordnen. Die ersten Knochen dieses Dinosauriers fanden Forscher in Argentinien, im „Tal des Mondes“. Dort gab es früher dank einer üppigen Vegetation sehr viel zu essen. Möglicherweise liegt hier sogar der Ursprung aller Dinosaurier.

Steckbrief

Gruppe:	umstritten, Echsenbecken-Dinosaurier, Theropoden
Lebte vor:	228 bis 217 Millionen Jahren (Trias)
Größe:	1 Meter
Gewicht:	10 Kilogramm
Nahrung:	Fleisch- und Pflanzenfresser

DIPLODOCUS

RIESE MIT LANGEM HALS

Diplodocus konnte 28 Meter lang werden und bestand zu einem großen Teil aus Schwanz und Hals. Er trug seinen Hals vermutlich häufig gerade nach vorn gestreckt, um die Blutversorgung des Kopfes sicherzustellen. Obwohl der Hals darauf spezialisiert war, horizontale Bewegungen auszuführen, konnte *Diplodocus* auch in den Baumkronen und auf dem Boden nach Futter suchen.

KRÄFTIGES MUNDWERK

Mit seinem kräftigen Kiefer konnte er Blätter von den Ästen abstreifen und schluckte seine Nahrung, ohne sie zu kauen.

ABWEHR

Diplodocus lebte in kleinen Herden, die ihm Schutz vor anderen Dinosauriern boten. Er konnte sich aber auch mit seinem langen Schwanz verteidigen, den er wie eine Peitsche einsetzte.

Runde Eier

Das Diplodocus-*Weibchen legte seine kugelrunden Eier wahrscheinlich gut zugedeckt in eine Grube und ließ sie allein. Ein frisch geschlüpfter* Diplodocus *wog etwa sieben Kilogramm.*

Steckbrief

Gruppe:	Echsenbecken-Dinosaurier, Sauropoden
Lebte vor:	154 bis 144 Millionen Jahren (Jura)
Länge:	28 Meter
Gewicht:	15 Tonnen
Nahrung:	Pflanzenfresser

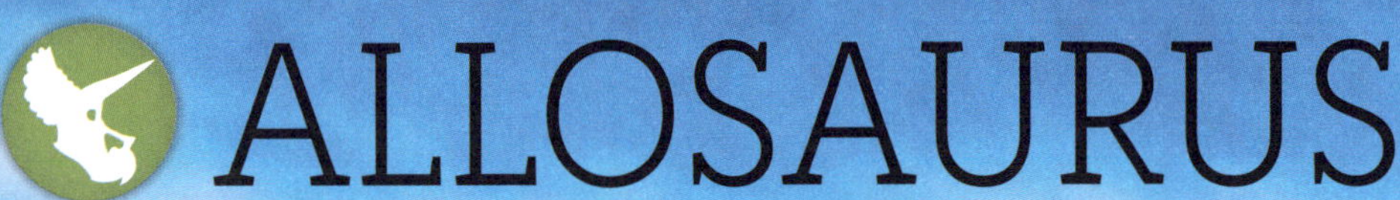

ALLOSAURUS

GEFÄHRLICHSTER JÄGER DES JURA

Allosaurus war mit mächtigen Kiefern, Zähnen und scharfen Klauen bewaffnet. Wenn er allein unterwegs war, griff er kleine bis mittelgroße Dinosaurier an. Gemeinsam erlegten mehrere Allosaurier aber auch einen ganz großen Saurier wie *Diplodocus*.

TÖDLICHER KLAMMERGRIFF

Beim Angriff umklammerte *Allosaurus* das Opfer mit seinen kurzen, kräftigen Armen und biss so kräftig zu, dass dieses verblutete. Allerdings konnte er keine Knochen zerkauen, darum blieb bei jeder Mahlzeit immer noch viel für andere Fleischfresser übrig.

Allosaurus hatte einen mächtigen Schädel, dessen Knochen jedoch große Öffnungen hatten, damit er nicht ganz so schwer war.

„Big Al"

Der wohl berühmteste Allosaurus heißt heute „Big Al". Sein Skelett ist fast vollständig erhalten. Der Film „Die Geschichte von Big Al" stellt sein Leben vom Schlüpfen aus dem Ei bis zum Tod nach.

GRÖSSTER SAURIER-FRIEDHOF DER WELT

Im Cleveland-Lloyd-Steinbruch im Bundesstaat Utah in den USA sind bis heute rund 13.000 Saurierknochen gefunden worden. Die meisten davon von *Allosaurus*-Sauriern. Aber warum? Vor 150 Millionen Jahren befand sich an dieser Stelle ein Sumpfgebiet, in das mehrere Flüsse mündeten. Lange Zeit glaubten Forscher, dieser Ort sei eine Art riesige Falle gewesen, aus der die Raubsaurier nicht mehr herauskamen und deswegen langsam im Schlamm versanken. Dabei hätten sie laut geschrien und so weitere Raubsaurier angelockt, die dann das gleiche Schicksal ereilte. Doch die neueste Erkenntnis ist, dass die Flüsse bei Hochwasser viele Tierknochen und -leichen anschwemmten, die sich dann im Sumpfgebiet ansammelten. Möglicherweise lockten diese Überreste wiederum andere Fleischfresser an, die sich an dem vergammelten Fleisch vergifteten und vor Ort starben. Das erklärt, warum auf dem Saurier-Friedhof hauptsächlich *Allosaurus*-Knochen liegen.

Steckbrief

Gruppe:	Echsenbecken-Dinosaurier, Theropoden
Lebte vor:	150 bis 144 Millionen Jahren (Jura)
Länge:	12 Meter
Gewicht:	2 bis 3 Tonnen
Nahrung:	Fleischfresser

BRACHIOSAURUS

SCHWERGEWICHT MIT STARKEM HERZ

Brachiosaurus war einer der schwersten Sauropoden. Um seine geschätzten 25 bis 40 Tonnen Körpergewicht tragen zu können, hatte er sehr starke und kräftige Knochen. Sein herausragendes Merkmal war der bis zu neun Meter lange Hals mit einem kleinen Kopf am Ende. Um das Blut in den Kopf zu pumpen, brauchte er ein besonders starkes Herz.

EIER LEGENDES HERDENTIER

Brachiosaurier lebten wie die meisten Sauropoden wahrscheinlich in Herden und gingen gemeinsam auf größere Wanderschaften und grasten Baumkronen ab. *Brachiosaurus* legte Eier, war aber wohl nicht in der Lage, sich weiter um seine Nachfahren zu kümmern. So legte er die Eier ab und ließ sie allein.

Steckbrief

Gruppe:	Echsenbecken-Dinosaurier, Sauropoden
Lebte vor:	156 bis 145 Millionen Jahren (Jura)
Länge:	25 Meter
Gewicht:	25 bis 40 Tonnen
Nahrung:	Pflanzenfresser

STEGOSAURUS

RIESE MIT RÄTSELHAFTEN RÜCKENPLATTEN

Stegosaurus war der größte „Platten-Dinosaurier". Sein besonderes Merkmal waren zwei Reihen mit Knochenplatten auf dem Rücken, einige mit einem Durchmesser von mehr als einem halben Meter.

Lange Zeit haben Wissenschaftler über die Bedeutung der Rückenplatten gerätselt. Einige glaubten, dass sie zur Abkühlung dienten. Möglicherweise hat *Stegosaurus* über mehrere Hundert Adern dort Blut hineingepumpt, wenn ihm zu warm war. Heute geht man eher davon aus, dass *Stegosaurus* mit seinem wehrhaften Aussehen Feinde, Konkurrenten oder Weibchen beeindrucken wollte.

STACHELSCHWANZ

Stegosaurus war vermutlich ein Einzelgänger, der sich langsam durch die Wälder bewegte. Seine Größe und seine Rückenplatten schützten ihn vor Feinden. Zusätzlich konnte er in einem Kampf seinen Schwanz mit den vier Stacheln einsetzen.

Erbsenhirn

Das Gehirn des Stegosaurus wog gerade einmal 80 Gramm – weniger als eine Tafel Schokolade!

Steckbrief

Gruppe:	Vogelbecken-Dinosaurier (Ornithischia)
Lebte vor:	155 bis 144 Millionen Jahren (Jura)
Länge:	9 Meter
Gewicht:	5 Tonnen
Nahrung:	Pflanzenfresser

ANKYLOSAURUS

PANZER MIT SCHWEREM KOPF

Ankylosaurus war der lebende Panzer unter den Dinosauriern: Dicke Hornplatten bedeckten seinen stämmigen Körper samt Hals und Kopf. Er hatte ziemlich kurze Beine. Seine Schnauze war geformt wie ein Schnabel, mit dem er dicke Pflanzenstangen zerschneiden konnte. Weil sein Kopf so schwer war, konnte er ihn kaum hochheben und musste daher niedrige Pflanzen fressen.

KNÖCHERNE DORNEN ALS SCHUTZ

Seine lederartige, dicke Haut war mit Knochenplatten und knöchernen Dornen bedeckt. Am Schwanzende befand sich eine große Keule aus verwachsenen Knochenplatten, die er im Notfall seitlich gegen den Angreifer schleuderte. Angeblich konnte er auf diese Weise sogar einem *Tyrannosaurus rex* die Beine brechen. In der Regel war *Ankylosaurus* aber ein friedlicher Wanderer.

Steckbrief

Gruppe:	Vogelbecken-Dinosaurier (Ornithischia)
Lebte vor:	74 bis 67 Millionen Jahren (Kreide)
Länge:	7,5 bis 10,5 Meter
Gewicht:	4,5 bis 7 Tonnen
Nahrung:	Pflanzenfresser

GIGANOTOSAURUS

GROSSES LANDRAUBTIER

Dieser Dinosaurier ist nach seiner Größe benannt: Die (aus dem Lateinischen übersetzt) „riesige südliche Echse" ist eines der größten Landraubtiere aller Zeiten. *Giganotosaurus* war länger als *Tyrannosaurus rex* und mit sieben Tonnen sogar noch schwerer. Sein Kopf allein war so groß wie ein erwachsener Mensch. Er hatte einen schmalen, langen Schädel mit schwertförmigem Kiefer. *Giganotosaurus* fraß andere große Dinosaurier, die er mit seinen Kiefern in ihre Einzelteile zerlegte.

FLOTTER JÄGER

Giganotosaurus konnte sehr gut riechen und hören. Vermutlich witterte er seine Opfer schon aus einigen Kilometern Entfernung und erlegte sie dann. Mit etwa 50 Kilometern pro Stunde konnte er ziemlich flott unterwegs sein, aber meistens brauchte er das gar nicht, denn er jagte hauptsächlich langsame Sauropoden. Alle bisher bekannten Giganotosaurier-Skelette wurden in den 1990er-Jahren in einer bestimmten Region in Argentinien gefunden. Sehr wahrscheinlich lebten die Giganten dort in Gruppen zusammen.

Steckbrief

Gruppe:	Echsenbecken-Dinosaurier, Theropoden
Lebte vor:	100 bis 90 Millionen Jahren (Kreide)
Länge:	bis 13 Meter
Gewicht:	7 Tonnen
Nahrung:	Fleischfresser

OVIRAPTOR

VERKANNTE SUPERELTERN

Lange Zeit haben Forscher *Oviraptor* Unrecht getan. Da seine Skelette immer wieder in der Nähe von fremden Dinosaurier-Eiern gefunden wurden, dachten die Wissenschaftler, dieser Dinosaurier habe Eier aus anderen Nestern geklaut und gefressen. Deshalb nannten sie ihn *Oviraptor*, also „Eierdieb". Doch das war anscheinend falsch. Später fanden Wissenschaftler heraus, dass der vermeintliche Eierdieb wohl doch seine eigenen Eier bebrütet hat, denn in dieser Pose wurde ein bei einem Sandsturm versteinerter *Oviraptor* gefunden. So ist der Ruf des *Oviraptor* zwar inzwischen besser geworden, aber seinen fiesen Namen hat er trotzdem behalten.

FEDERKLEID UND FLÜGEL

Skelette des *Oviraptor* wurden in Asien gefunden. Er gehört zwar nicht zu den Vogelbecken-Dinosauriern, sieht den Vögeln aber am ähnlichsten. Wie Vögel hatte auch er keine Zähne, dafür aber wahrscheinlich ein Federkleid und Flügel. Mit seinem kräftigen Schnabel hat er vermutlich Muscheln geknackt und gefressen.

Steckbrief

Gruppe:	Echsenbecken-Dinosaurier, Theropoden
Lebte vor:	85 bis 75 Millionen Jahren (Kreide)
Länge:	2,5 Meter
Gewicht:	35 Kilogramm
Nahrung:	Eier, Muscheln

IGUANODON

PFLANZENFRESSER MIT KRÄFTIGEM KIEFER

Iguanodon bewegte sich auf vier Beinen vorwärts. Seine Hinterbeine waren kräftig und säulenförmig und die Vorderbeine eher klein und schwächer. Vermutlich konnte es deshalb auch mal auf den Hinterbeinen laufen, um an hohe Bäume oder Sträucher zu gelangen. An seinem Vorderfuß hatte es eine Art Daumen in Form eines spitzen Dorns.

SKELETT-PUZZLE

Iguanodon war einer der ersten Dinosaurier, den die Wissenschaftler kannten. Doch beim Zusammenbau seines Skeletts im Jahr 1822 haben englische Forscher einen ziemlich großen Fehler gemacht: Sie montierten den Daumendorn auf die Nase des *Iguanodon*, sodass es aussah wie ein Nashorn. Erst viele Jahre später bemerkten sie ihren Irrtum.

Fressmaschine

Ein ausgewachsenes Iguanodon hat an einem Tag ungefähr 100 Kilogramm Pflanzen gefressen. Das ist ungefähr so viel wie drei gefüllte Biomülltonnen.

Steckbrief

Gruppe:	Vogelbecken-Dinosaurier (Ornithischia)
Lebte vor:	144 bis 112 Millionen Jahren (Kreide)
Länge:	9 Meter
Gewicht:	4 bis 5 Tonnen
Nahrung:	Pflanzenfresser

TRICERATOPS

HORNDINOSAURIER MIT AUFFÄLLIGEM NACKENSCHILD

Triceratops lebte überwiegend im heutigen Nordamerika und gehört zu den Horndinosauriern. Sein Schädel war sein herausragendes Merkmal. Er war äußerst solide gebaut, weshalb viele seiner Skelette die Millionen Jahre bis heute überstanden haben.

STREITSÜCHTIGER KÄMPFER

Sein Nasenhorn war ziemlich dick und kurz. Über den Augen ragten zwei etwa einen Meter lange, spitze Hörner hervor, die leicht nach außen gebogen waren. Sein mächtiger Nackenschild aus Knochen hatte am Rand zahlreiche spitze Knochenfortsätze. Forscher vermuten, dass *Triceratops* häufig in Streitereien mit seinen männlichen Artgenossen verwickelt war. Dabei ging es wohl nicht nur um Auseinandersetzungen über Reviere. Erwachsene männliche Dinosaurier haben sich auch heftig um Weibchen gestritten. Manchmal mussten die *Triceratops* sich auch gegen Raubsaurier zur Wehr setzen. Von diesen Kämpfen weiß man, weil die gefundenen Schädel oft Spuren von Verletzungen und Narben trugen. *Triceratops* bedeutet übrigens „Drei-Horn-Gesicht".

Steckbrief

Gruppe:	Vogelbecken-Dinosaurier (Ornithischia)
Lebte vor:	70 bis 66 Millionen Jahren (Kreide)
Länge:	9 Meter
Gewicht:	4,5 bis 10 Tonnen
Nahrung:	Pflanzenfresser

BARYONYX

ANGELN MIT DAUMENKRALLE

Dieser Dinosaurier ist nach seinem auffälligsten Merkmal benannt: einer extrem gebogenen Daumenkralle. *Baryonyx* heißt aus dem Griechischen übersetzt „schwere Kralle". Vermutlich hat der Dinosaurier seine Waffe als Fischhaken eingesetzt und damit sozusagen geangelt.
Baryonyx' Schädel war lang und schmal und ähnelte einem Krokodilkopf. Auf der Schädeloberseite trug er einen Knochenkamm. Er hatte 96 spitze Zähne im Kiefer, das sind etwa doppelt so viele wie bei vielen anderen Theropoden. Sein Hals war recht unbeweglich, seine Vordergliedmaßen waren eher dick und kräftig.

VORLIEBE FÜR FISCH

Forscher fanden in seinem Bauch Reste von Fischen und die meisten *Baryonyx*-Skelette wurden in der Nähe von Flussufern ausgegraben. Daraus schloss man, dass *Baryonyx* sich überwiegend von Fischen ernährt hat. Aber zwischendurch durfte es auch schon mal ein kleiner Dinosaurier sein – das zeigen andere Analysen seines versteinerten Mageninhalts.

Steckbrief

Gruppe:	Echsenbecken-Dinosaurier, Theropoden
Lebte vor:	130 bis 125 Millionen Jahren (Kreide)
Länge:	10 Meter
Gewicht:	2 Tonnen
Nahrung:	Fische, aber auch Fleisch

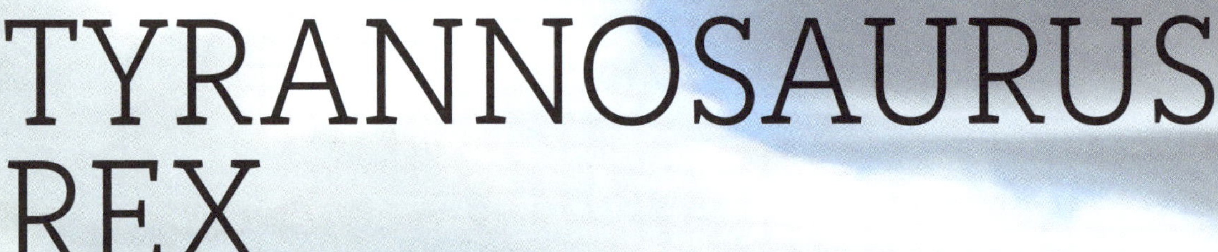

TYRANNOSAURUS REX

STUMMELARME UND RIESENSCHÄDEL

Tyrannosaurus rex lief auf zwei Beinen, hatte einen kräftigen Schwanz, einen riesigen Kopf und kleine Stummelarme. Forscher rätseln bis heute, was er damit so ganz genau gemacht hat. Seine Hände bestanden aus zwei Fingern mit scharfen Krallen.

GIERIGER FRESSER

Sein Schädel war mehr als einen Meter lang und er hatte gekrümmte und gezackte Zähne. Für die Opfer des *Tyrannosaurus rex* war es unmöglich, sich aus dessen Griff zu befreien. Er konnte zwar Knochen zerbeißen, kaute aber nicht. Stattdessen soll er bis zu 70 Kilogramm Fleisch auf einmal heruntergeschlungen haben und auch schon mal dabei erstickt sein, weil ihm die Knochen im Hals stecken geblieben sind. Einige Wissenschaftler glauben, dass der Gigant sich überwiegend von Aas ernährt hat. Manchmal haben zwei der Riesen gegeneinander gekämpft, wenn es um ihr Revier oder ein Weibchen ging.

FLEISCHFRESSENDER FILMSTAR

Der Superstar unter den Dinosauriern musste seinen Titel als größter landlebender Fleischfresser zwar an die Giganotosaurier und andere große Saurier abgeben. Doch nach wie vor spielt *Tyrannosaurus rex* eine große Rolle in vielen Filmen und Büchern.

Brutale Beißkraft

Mithilfe von Computersimulationen haben Forscher die Beißkraft des Tyrannosaurus rex *ermittelt: Ein einzelner T-rex-Zahn krachte mit etwa 3000 bis 5000 Kilogramm auf sein Opfer. Das ist ungefähr so, als würden dir drei Kleinwagen auf den Kopf fallen.*

KOMPLETTE SKELETTE

Weltweit wurden bisher 22 komplette Skelette ausgegraben. Das größte Exemplar ist zu 90 Prozent erhalten und steht im Chicago Field Museum in den USA. Es wurde nach seiner Finderin „Sue“ getauft.

Nasenrotz

Niemand weiß, ob sich Dinosaurier je erkältet haben. Aber ein amerikanischer Wissenschaftler hat ausgerechnet, dass 26,5 Liter Schleim in die Nebenhöhlen eincs Tyrannosaurus rex gepasst hätten.

Steckbrief

Gruppe:	Echsenbecken-Dinosaurier, Theropoden
Lebte vor:	75 bis 66 Millionen Jahren (Kreide)
Länge:	bis 12,4 Meter
Gewicht:	6,8 Tonnen
Nahrung:	Fleischfresser

VELOCIRAPTOR

KLEINER, FLINKER JÄGER

Velociraptor war etwa so groß wie ein Hund und ein schneller und erfolgreicher Jäger. Circa 80 lange und sehr scharfe Zähne machten seinen Kiefer zu einer gefährlichen Waffe. Doch er hatte noch eine stärkere Waffe: Seine zweite Fußzehe hatte eine bewegliche, sichelförmige Kralle, mit der er seine Beute zerfetzen konnte. Auch an den drei Fingern seiner Greifhände hatte er scharfe Krallen.

DAUNENKLEID

Vermutlich war *Velociraptor* eher in Gruppen beim Jagen unterwegs als alleine. Es wurden mehrere gut erhaltene Skelette von Velociraptoren gefunden, sodass der Dinosaurier schon gut erforscht werden konnte. Während man früher davon ausging, dass *Velociraptor* eine reptilienartige Schuppenhaut hatte, haben moderne Untersuchungen etwas völlig anderes herausgefunden: Zumindest an den Armen hatte er auch richtige Federn. Mit dem ausgestreckten Schwanz hat er sein Gleichgewicht ausbalanciert. Die schlanken Beine mit den langen Schienbeinen machten *Velociraptor* zu einem „schnellen Räuber", das ist die Übersetzung seines Namens aus dem Lateinischen.

VERSTEINERTER TODESKAMPF

Den Beweis dafür, dass *Velociraptor* ein ziemlich aggressiver Zeitgenosse war, lieferte ein Fund aus der Mongolei: 1971 fanden Forscher einen versteinerten *Velociraptor*, der gerade versucht hatte, den Bauch seines Gegners aufzuschlitzen. Mitten im Todeskampf hatte wohl ein Sandsturm die beiden überrascht und für immer konserviert.

Nicht ganz richtig ...

In dem Film „Jurassic Park" wurde Velociraptor *etwa doppelt so groß dargestellt, wie er in Wirklichkeit war.*

Steckbrief

Gruppe:	Echsenbecken-Dinosaurier, Theropoden
Lebte vor:	70 bis 80 Millionen Jahren (Kreide)
Länge:	1,80 Meter
Gewicht:	15 Kilogramm
Nahrung:	Fleischfresser

ARCHÄOPTERYX

RÄTSELHAFTER URVOGEL

Seitdem seine ersten versteinerten Federn im bayerischen Solnhofen im Jahre 1860 aufgetaucht sind, stellt *Archäopteryx* Wissenschaftler auf der ganzen Welt vor immer neue Rätsel: Denn war er ein Dinosaurier oder schon ein Urvogel?

MISCHUNG AUS RAUBSAURIER UND VOGEL

Der neueste der insgesamt zwölf Funde stammt aus dem Jahr 2010. *Archäopteryx* Nummer elf ist das bislang besterhaltene Exemplar. *Archäopteryx* war etwa so groß wie eine Taube und besaß Federn und Flügel wie ein Flugsaurier. Gleichzeitig hatte er den Kopf eines Raubsauriers mit typischen spitzen Zähnen. Darum gilt er Wissenschaftlern inzwischen als eine Art Übergangsform von den Dinosauriern zu den heutigen Vögeln.

FEDERN ZUM SCHUTZ

Sein Federkleid besaß *Archäopteryx* in erster Linie zum Schutz vor Kälte, zum Brüten und als Schmuck und um sich vor Feinden aufzuplustern. Wissenschaftler sind sich aber ziemlich sicher, dass er mit seinen Flügeln auch fliegen konnte. Allerdings war er dabei noch nicht sonderlich elegant: Beim Start rannte er vermutlich hüpfend über den Boden und flatterte dabei wie wild mit den Flügeln.

HEFTIGE STÜRME UND HOHE WELLEN

Nach den Funden der *Archäopteryx*-Fossilien haben die Forscher sich darüber gewundert, wieso es überhaupt Abdrücke des vollständigen Vogels gibt. Denn sie wussten schon, dass der gefundene Saurier über dem Meer abgestürzt sein musste. Doch wegen seines Federkleids hatte er einen natürlichen Auftrieb und hätte etwa 60 Tage gebraucht, um von der Wasseroberfläche herabzusinken. Bis dahin wäre aber nicht mehr viel von ihm übrig gewesen. Also muss ein unvorstellbar heftiger Sturm *Archäopteryx* ins Meer gestürzt und extrem hohe Wellen ihn ganz schnell hinab gedrückt haben, damit er in einem Stück versteinern konnte.

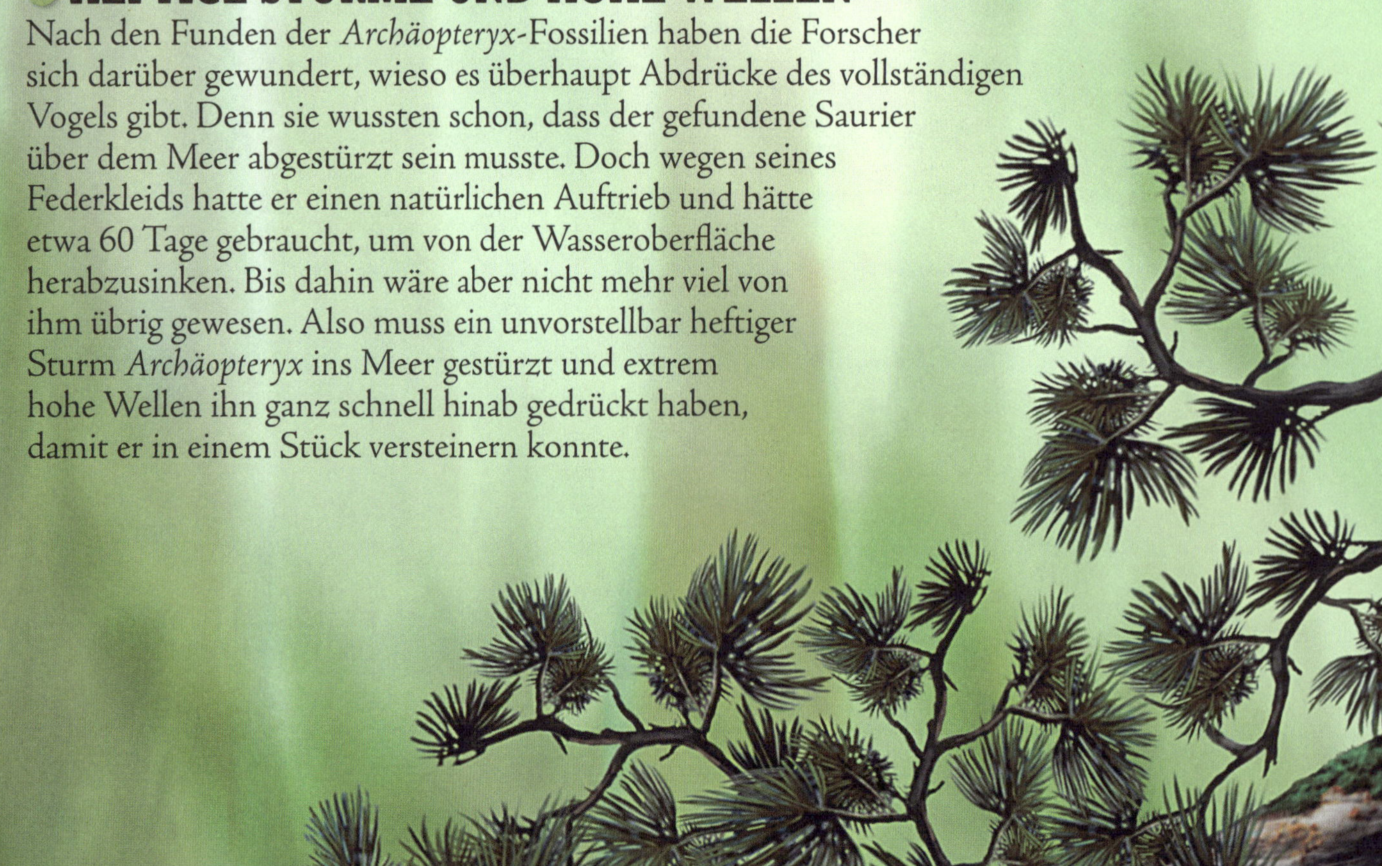

SPANNENDES EXPERIMENT

Um mehr über den Tod des *Archäopteryx* herauszufinden, haben Paläontologen 2013 ein Experiment durchgeführt: Sie legten einen toten Vogel, der ähnlich gebaut ist wie sein Vorfahre, in ein Wasserbecken und setzten ihn mithilfe eines Windkanals und Regenmaschinen künstlichen Stürmen aus.
So fanden sie heraus, dass nur wirklich starke Winde zu einem schnellen Herabsinken des Körpers geführt haben können.

Steckbrief

Gruppe:	Echsenbecken-Dinosaurier, Theropoden
Lebte vor:	150 Millionen Jahren (Jura)
Länge:	30 Zentimeter
Gewicht:	300 bis 500 Gramm
Nahrung:	kleine Tiere, Insekten

QUETZALCOATLUS

GRÖSSTER FLUGSAURIER

Dieser Pterosaurier mit dem fast unaussprechlichen Namen *Quetzalcoatlus* ist das größte bisher bekannte flugfähige Tier in der Geschichte des Lebens. Versteinerte Überreste des Sauriers zeigen eine Flügelspannweite von bis zu 14 Metern. Seine Flügel hatten keine Federn, sondern bestanden aus einer lederartigen Haut, die zwischen Daumen und Hinterbeinen gespannt war.

SCHWERGEWICHTIGER SEGLER

Quetzalcoatlus wog trotz hohler Knochen etwa 75 Kilogramm. Um richtig aktiv fliegen zu können, hätte er einen riesigen Brustmuskel gebraucht. Der hätte das Tier aber noch viel schwerer gemacht. Zudem waren seine Flügel recht schmal. Darum vermuten Forscher, dass er eher ein Segler war, der günstige Windströmungen nutzte, um in der Luft zu bleiben.

Gefiederte Schlange

Versteinerte Überreste des Riesenflugsauriers fanden Forscher Mitte der 1970er-Jahre in Texas. Darum benannten sie den Saurier zu Ehren des mittelamerikanischen Gottes Quetzalcoatl. Übersetzt heißt das so viel wie „gefiederte Schlange“.

Fortsetzung Seite 54/55

Sticker für die Rätsel auf Seite 60/61

Spaß-Sticker

Sticker für die Rätsel auf Seite 14/15

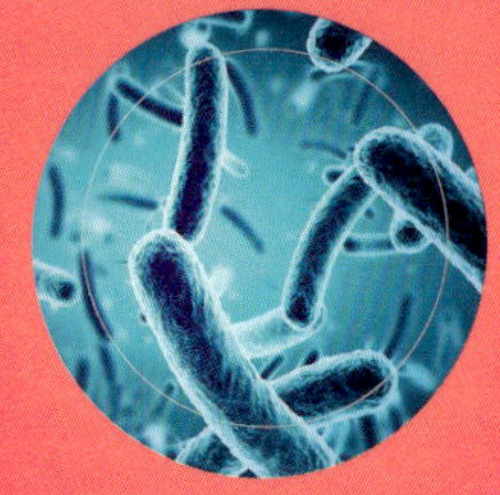

Sticker für die Rätsel auf Seite 44/45

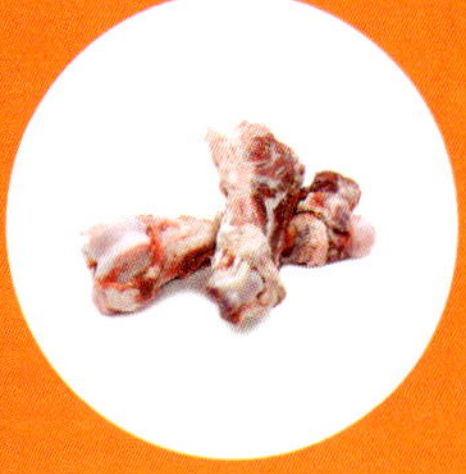

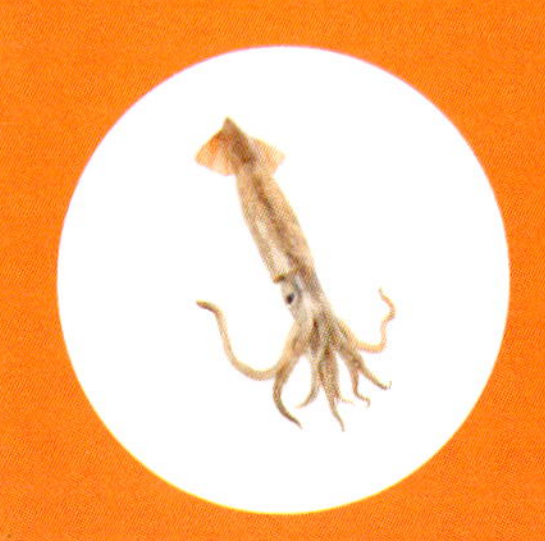

Sticker für die Rätsel auf Seite 46/47

Fortsetzung Seite 46/47

Seite 54/55

Sticker für die Rätsel auf Seite 54/55

Spaß-Sticker

STARTSCHWIERIGKEITEN

Als Segler konnte *Quetzalcoatlus* nicht so gut selbst starten. Sogar Albatrosse haben aufgrund ihres Gewichts Schwierigkeiten beim Abflug – und die wiegen weniger als zehn Kilogramm! Viele Wissenschaftler denken daher, dass *Quetzalcoatlus* die meiste Zeit seines Lebens in der Luft verbrachte und im Gleitflug mit seinem zahnlosen Schnabel Fische und Krebse aus dem Meer geangelt hat. Das war für ihn einfach nicht so anstrengend. Wenn er landete, dann ließ er sich vermutlich nur auf Anhöhen wie Felsen nieder, um von dort aus wieder leichter starten zu können.

KNÖCHERNER KAMM

Auf seinem Kopf trug *Quetzalcoatlus* einen kleinen knöchernen Kamm. Sein Hals war lang und recht unbeweglich. Mit seinen relativ großen Augen konnte er vermutlich sehr gut sehen. Er lebte an Meeresküsten oder großen Binnenseen.

Steckbrief

Gruppe:	Pterosaurier
Lebte vor:	72 bis 66 Millionen Jahren (Kreide)
Länge:	7,5 Meter
Gewicht:	75 Kilogramm
Nahrung:	Fische, Krebse

DIMORPHODON

PTEROSAURIER MIT PAPAGEIENKOPF UND ZÄHNEN

Der Kopf eines *Dimorphodon* sah vermutlich ein bisschen aus wie ein Papageientaucher und war mit 20 Zentimetern recht groß geraten.
Der Name *Dimorphodon* bedeutet „Zwei-Form-Zahn". Der Flugsaurier hatte zwei verschiedene Zahnarten in seinem Kiefer: einige lange Fangzähne im Vorderkiefer und viele kleine, kurze Zähne im hinteren Teil.

IM GLEITFLUG VOM BAUM

Dimorphodon konnte wahrscheinlich nicht von allein losfliegen. Vielleicht hielt er sich daher an Felsvorsprüngen und auf Bäumen auf, um von dort aus zu starten. Genauso wie das Gleitschirmflieger heute auch machen.

Steckbrief

Gruppe:	Pterosaurier
Lebte vor:	200 bis 175 Millionen Jahren (Jura)
Länge:	1 Meter
Gewicht:	unbekannt
Nahrung:	Fische

MINISEGEL AM SCHWANZENDE

Sein langer und steifer Schwanz half *Dimorphodon* beim Steuern. An der Schwanzspitze hatte er sogar ein kleines Häutchen, das aussah wie ein Segel. *Dimorphodon* war etwa einen Meter lang und hatte eine Flügelspannweite von 1,20 Metern.

PTERANODON

LEICHTGEWICHTIGER LANGSTRECKENFLIEGER

Obwohl er fast so groß war wie *Quetzalcoatlus*, konnte *Pteranodon* ganz sicher besser fliegen. Es wog nämlich nur rund 20 Kilogramm. Ausgebreitet waren seine Flügel etwa neun Meter breit. Forscher haben Versteinerungen dieses Pterosauriers 160 Kilometer vom Meer entfernt gefunden. Das ist für sie ein Beweis dafür, dass *Pteranodon* ziemlich lange Strecken zurücklegen konnte.

RÄTSELHAFTER KOPFKAMM

Ein großes Rätsel gibt Forschern der riesige Kopfkamm des *Pteranodon* auf. Dieser konnte bis zu 90 Zentimeter lang werden, also fast so lang wie der Rumpf des Sauriers. In vielen Experimenten haben Wissenschaftler versucht, den Sinn dieses Kamms zu ergründen. Als Steuer schien er nicht geeignet zu sein, da hätte *Pteranodon* ziemliche Nackenschmerzen bekommen. Überhaupt schien der Kamm das Fliegen eher zu erschweren. Da Männchen einen viel größeren Kamm hatten als Weibchen, haben sie mit dem beeindruckenden Kopfschmuck vermutlich einfach nur vor den Weibchen angegeben.

Steckbrief

Gruppe:	Pterosaurier
Lebte vor:	85 bis 75 Millionen Jahren (Kreide)
Größe:	9 Meter Flügelspannweite
Gewicht:	20 Kilogramm
Nahrung:	Fische

LIOPLEURODON

GEFÄHRLICHER JÄGER MIT GUTEM GERUCHSSINN

Früher glaubte man, dass *Liopleurodon* eines der mächtigsten Meeresraubtiere aller Zeiten gewesen sei. Man schätzte seine Länge auf bis zu 20 Meter. Neuere Funde belegen allerdings, dass *Liopleurodon* deutlich kleiner war. Dennoch war er ein gefährlicher Jäger. Sein Kopf war sehr groß mit langen, spitzen Zähnen an den Außenseiten seiner Kieferleisten. Sein Name bedeutet übersetzt „glattseitiger Zahn".

IMMER DER NASE NACH

Mit seinem guten Geruchssinn konnte *Liopleurodon* unter Wasser seine Beute schon von Weitem riechen. Er schwamm mit offenem Maul, damit das Wasser seine Geruchsorgane umspülen konnte. Mit seinen riesigen Flossen schlug er blitzschnell zu, wenn er ein Opfer gefunden hatte.

Großmaul

Liopleurodon *hatte einen 1,50 Meter langen Kopf. Sein Maul war etwa dreimal größer als das eines* Tyrannosaurus rex*!*

ANDERE TISCHSITTEN

Vergleicht man die Lebensweisen miteinander, haben *Liopleurodon* und der heute lebende Weiße Hai etwas gemeinsam. Denn *Liopleurodon* war ungefähr genauso schnell wie der Weiße Hai und die beiden haben auf eine ähnliche Weise Jagd auf ihre Beute gemacht. Allerdings haben sie diese dann anders gefressen: Während der Weiße Hai mit seinen spitzen Zähnen die Beute aufschlitzt, hat *Liopleurodon* sie einfach zerdrückt. Heute passen Surfer im Meer besonders gut auf, ob eine dreieckige Haiflosse zu sehen ist, die Gefahr ankündigt. *Liopleurodon* hatte so eine zwar nicht, aber da er Lungen besaß, musste er zum Luftholen an die Wasseroberfläche kommen und sich so zeigen.

FRANZOSE MIT VIER FLOSSEN

Liopleurodon besaß vier gleich große Flossen. Die vorderen bewegte er vermutlich auf und ab, mit den Hinterflossen machte er drehende und nach hinten gerichtete Stoßbewegungen. Sein Schwanz war kurz und ohne Flosse. Die ersten Fossilien dieses Meeressauriers wurden in Nordfrankreich im Jahr 1873 gefunden.

Kein Entrinnen

Vermutlich war es schwer, Liopleurodon *zu entkommen. Denn neben gefährlichen Fangzähnen hatte er auch noch große Augen, denen nichts entging.*

Steckbrief

Gruppe:	Plesiosaurier
Lebte vor:	165 bis 150 Millionen Jahren (Jura)
Länge:	5 bis 7 Meter (vielleicht auch 10 Meter)
Gewicht:	2 bis 3 Tonnen
Nahrung:	Kopffüßer, andere Meeressaurier

ELASMOSAURUS

LANGSTRECKENSCHWIMMER MIT SCHLANGENHALS

Bei *Elasmosaurus* bestand mehr als die Hälfte des Körpers aus Hals. Das war ziemlich ungünstig für seine Opfer, die oft gar nicht merkten, dass da ein riesiger Jäger angeschwommen kam, denn sie nahmen nur seinen winzigen Kopf wahr. Der hatte es aber in sich: Mit seinen spitzen Zähnen konnte *Elasmosaurus* Fische gut packen. Zum Zerkleinern waren die Zähne allerdings weniger geeignet. Deshalb glauben Forscher, dass *Elasmosaurus* seine Beute mit einem Happs verschluckte.

Lange Zeit dachten Wissenschaftler, dass *Elasmosaurus* seinen Hals aus dem Wasser streckte und blitzschnell eintauchte, wenn er von oben aus Nahrung entdeckte. Dann haben andere Forscher später festgestellt, dass er mit seinen Augen gar nicht nach unten sehen konnte, weil sie ganz oben auf seinem Schädel saßen.

UNGEHEUER VON LOCH NESS

In Schottland gibt es eine Legende über ein Monster, das in einem See namens Loch Ness leben soll. Auf vielen der angeblichen Fotos sah „Nessi" – so der Spitzname des rätselhaften Seeungeheuers – aus wie ein *Elasmosaurus*.

Steckbrief

Gruppe:	Plesiosaurier
Lebte vor:	84 bis 70 Millionen Jahren (Kreide)
Länge:	14 Meter
Gewicht:	3 Tonnen
Nahrung:	Fische, Tintenfische, Ammoniten (Kopffüßer)

„DÜNNPLATTEN-ECHSE"

Der Name *Elasmosaurus* klingt ein bisschen nach dem deutschen Wort „elastisch". Aber obwohl dieser Saurier tatsächlich sehr biegsam aussieht und er auch ziemlich gut und recht schnell schwimmen konnte, hat sein Name eine ganz andere Bedeutung: Die Übersetzung lautet „Dünnplatten-Echse".

HALSWIRBELREKORD

Wir Menschen haben sieben Halswirbel. Eine Giraffe auch – so wie fast alle Säugetiere. Vögel haben zehn bis 25 Halswirbel. Aber *Elasmosaurus* hatte 72 Halswirbel!

Peinlicher Konstruktionsfehler

Als im Jahr 1867 erste Skelett-Teile eines Elasmosaurus *entdeckt wurden, veröffentlichte ein Wissenschaftler stolz seine Erkenntnisse über dieses neue Exemplar. Nur leider hatte er in seinem Übereifer den Kopf des* Elasmosaurus *an den Schwanz des Skeletts montiert. Als ihn ein Kollege darauf aufmerksam machte, war ihm das so peinlich, dass er versuchte, alle seine Bücher mit der falschen Beschreibung von* Elasmosaurus *aufzukaufen. Das hat er aber leider nicht geschafft.*

Welchen Dinosaurier erkennst du?

Zu welchem Dinosaurier gehört der Bildausschnitt jeweils?
Finde es heraus und trage den Namen ein.

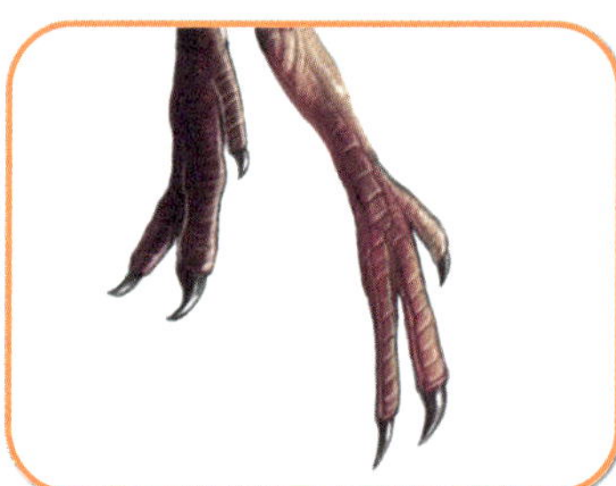

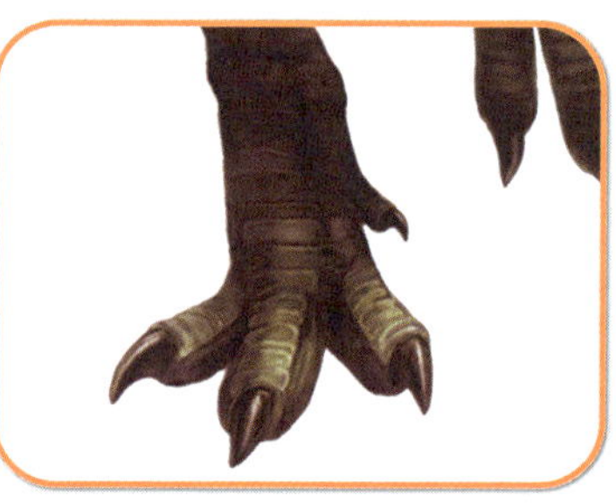

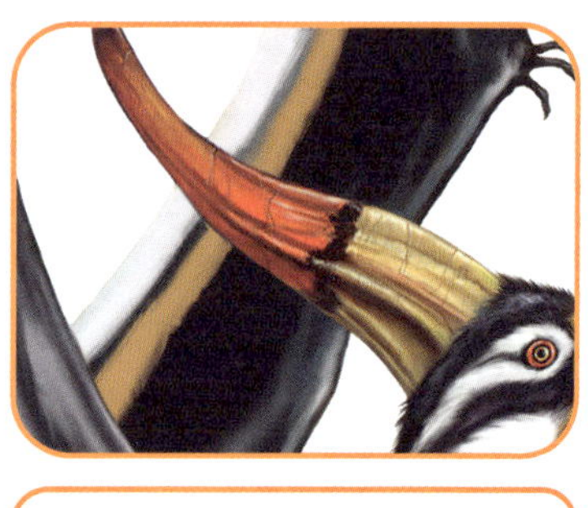

Wer frisst was? 

Welcher Dinosaurier frisst was? Bringe die Buchstaben in der Sprechblase in die richtige Reihenfolge, folge der Linie und klebe den entsprechenden Sticker ein.

Ich fresse **ALZNEPFN**.

Stegosaurus

Ich ernähre mich von **LEISCHF**.

Allosaurus

Ich jage **ISKNETEN**.

Archäopteryx

Ich esse gerne **LNUSCHEM**.

Oviraptor

Ich fange **FSCHINTIENTE**.

Elasmosaurus

Ich fange **IFSCHE**.

Pteranodon

?!

Weißt du das noch?

Beantworte die Fragen und klebe den passenden Sticker vom Stickerbogen ein.

1. Wie heißt der älteste Dinosaurier?

2. Bei welchem Dinosaurier sah der Schwanz wie eine Peitsche aus?

3. Welcher Dinosaurier hatte Platten auf dem Rücken?

4. Wie hieß der Dinosaurier, der einen Panzer mit Dornen trug?

5. Welcher Dinosaurier war noch größer als Tyrannosaurus Rex?

6. Welchem Dinosaurier haben Wissenschaftlerinnen und Wissenschaftler den Namen „Eierdieb“ gegeben?

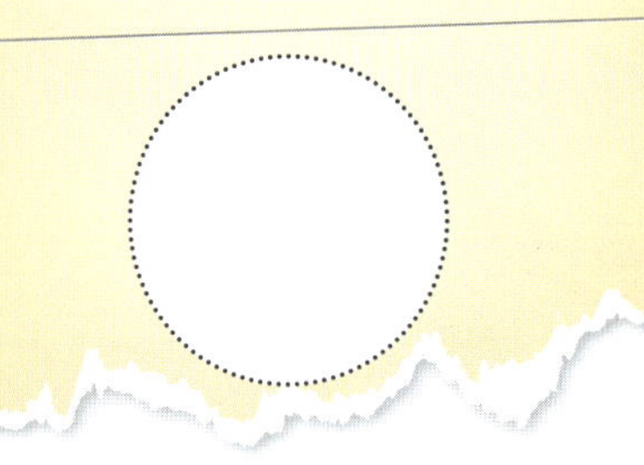

7. Welcher Dinosaurier trug an seinem Daumen einen Dorn?

8. Wie hieß der Dinosaurier, der Federn an den Armen trug?

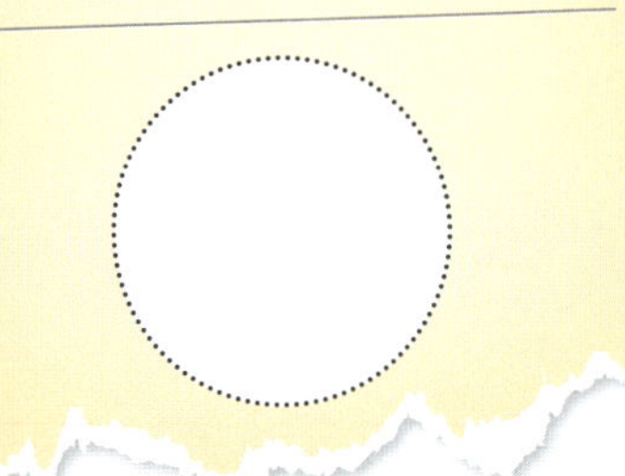

Dinosaurier-Sudoku

Bei diesem Rätsel müssen die 14 freien Felder mit den Stickern von hinten gefüllt werden.
Aber Achtung: Es dürfen in jeder Reihe, in jeder Spalte und in jeder Box die einzelnen Dinosaurier nur einmal vorkommen.

AUSSTERBEN DER DINOSAURIER

MÖGLICHE GRÜNDE FÜR DAS AUSSTERBEN

Vor 66 Millionen Jahren sind die Dinosaurier von der Erde verschwunden. Das ist schon so lange her, dass du dir das wahrscheinlich gar nicht vorstellen kannst. Über die Gründe für das Aussterben der Dinosaurier zerbrechen sich bis heute viele Wissenschaftler den Kopf. Im Laufe der Jahre haben sie verschiedene Theorien darüber entwickelt, was damals passiert sein könnte. Ganz genau weiß das aber bis heute niemand.

KLIMAWANDEL

Sehr wahrscheinlich hat sich zum Ende der Kreidezeit das Klima auf der Erde ganz dramatisch verändert. Einer der Auslöser dafür war ein riesiger Gesteinsbrocken, ein sogenannter Asteroid, der vom Weltall aus auf die Erde krachte. Er hatte einen Durchmesser von zehn Kilometern. Das haben Forscher ausgerechnet, indem sie sich den Krater genauer angesehen haben, den der Asteroid bei seinem Einschlag hinterlassen hat.

Was ist ein Asteroid?

Ein Asteroid ist ein sehr großer Gesteinsbrocken, der mit unserer Erde um die Sonne kreist. Es passiert äußerst selten, dass ein Asteroid die Erde trifft. Die Dinosaurier hatten ziemliches Pech.

NATURKATASTROPHEN

Der Einschlag des gigantischen Asteroiden hat Naturkatastrophen wie Erdbeben, Tsunamis (das sind lange Wasserwellen) und Vulkanausbrüche verursacht. Und dieses Zusammentreffen hat sich natürlich auch auf die damaligen Bewohner des Planeten ausgewirkt.

Jede Menge Ruß und Staub

Große Brände haben Pflanzen und Bäume vernichtet. Und wenn Bäume und Pflanzen verbrennen, dann entsteht jede Menge Ruß. Das sind winzige schwarze Staubkörner, du kennst das vom Lagerfeuer oder vom Grillen. Dieser schwarze Staub steigt bei großer Hitze immer höher in die Atmosphäre auf. Zusätzlich hat der gewaltige Einschlag des Asteroiden auch noch eine Menge Staub aufgewirbelt. Experten schätzen, dass mindestens 15.000 Millionen Tonnen Ruß zum Himmel aufgestiegen sind. Es kamen kaum noch Sonnenstrahlen durch diese dicke schwarze Schicht hindurch.

Krater in Mexiko

In Mexiko haben Forscher im Jahr 1991 die Einschlagstelle des Asteroiden entdeckt. Der Krater hat einen Durchmesser von 180 Kilometern und heißt heute „Chicxulub-Krater".

Finsternis

Vermutlich war es für eine Weile ganz dunkel auf der Erde. So, als wäre immer nur Nacht. Und dann passierte Folgendes: Die verbliebenen Pflanzen konnten in der Dunkelheit keinen Sauerstoff mehr produzieren. Die Pflanzen im Meer und auf dem Land starben. Die Pflanzenfresser unter den Dinosauriern hatten nichts mehr zu essen und verhungerten. Und ohne sie hatten auch die Fleischfresser bald keine Nahrung mehr.

Kälte

Ohne Sonne wurde es ziemlich kalt auf der Erde. Mithilfe von Computerprogrammen haben Wissenschaftler herausgefunden, dass die Temperatur um 28 Grad Celsius gefallen sein muss. Das ist etwa so, als würde es nach einem heißen Sommertag abends Glatteis geben. Auch die Meere sind um elf Grad Celsius abgekühlt.
Nur oberhalb der dicken Rußschicht wurde es immer heißer. Die Ozonschicht, die die Erde umgibt, ging kaputt. Als sich der Ruß nach etwa eineinhalb Jahren langsam auflöste, waren die meisten Tierarten bereits ausgestorben.

Was ist die Ozonschicht?

Die Erde ist von einer Hülle aus Gas umgeben, die man Atmosphäre nennt. In etwa 15 bis 30 Kilometer Höhe enthält diese Gashülle besonders viel Ozon. Diese Ozonschicht schützt alle Lebewesen wie ein Filter vor den schädlichen Strahlen der Sonne.

LANGSAMES STERBEN

Die Dinosaurier sind allerdings nicht von einem Tag auf den anderen verschwunden. Das dauerte schon eine ganze Weile, etwa 1 Million Jahre. Einige Wissenschaftler sind sogar der Meinung, dass die Dinosaurier auch ohne die Auswirkungen des Asteroideneinschlags ausgestorben wären, da sich die Erde und ihre Bewohner fortlaufend verändern. Genau kann das aber keiner wissen.
Komplett ausgestorben sind die Dinosaurier auch gar nicht, sie haben sich über die Jahrmillionen einfach nur weiterentwickelt. Und zwar zu Tieren, die wir alle heute kennen: zu Vögeln.

ÜBERLEBENDE

Heute glaubt man, dass kleinere Tiere die Klimakatastrophe einfacher überstehen konnten. Sie brauchten nicht so viel Nahrung und konnten sich vor den Auswirkungen der Naturkatastrophen besser verstecken als die riesigen Dinosaurier. Viele Reptilien haben den Klimawandel ebenfalls überlebt, zum Beispiel Krokodile, Schildkröten, Schlangen oder Eidechsen.

Evolution

Lebewesen verändern sich im Laufe der Zeit und passen sich an veränderte Lebensräume an. Diese Weiterentwicklung nennt man „Evolution". Der Naturforscher Charles Darwin (1809–1882) hat das als Erster herausgefunden.

DIE URZEIT LEBT!

ENTFERNTE VERWANDTE

Eidechsen, Leguane oder Chamäleons sehen zwar ein bisschen so aus wie Dinosaurier, aber sie sind keine besonders nahen Verwandten. Krokodile und Dinosaurier haben dagegen gemeinsame Vorfahren: Vor 250 Millionen Jahren lebte ein Archosaurier, aus dem sich die beiden Gruppen entwickelt haben.

VÖGEL ALS NACHFAHREN DER DINOSAURIER

Auch wenn es schwer ist, das zu glauben: Vögel stammen höchstwahrscheinlich von den Dinosauriern ab. Tatsächlich hat ein Spatz mehr mit einem *Tyrannosaurus rex* gemeinsam als ein Leguan. Viele Merkmale der heutigen Vögel fanden sich bereits bei den Dinosauriern: das Federkleid, die langen, geraden Beine, hohlen Knochen und weitere Ähnlichkeiten des Skeletts und des Gehirns. Während am Ende der Kreidezeit alle Nicht-Vogel-Dinosaurier ausstarben, haben die Vorfahren der Vögel überlebt und den Sprung in die Neuzeit und bis hin zu uns geschafft.

TIERE AUS DER URZEIT

Seeigel
Bestimmt hast du sie im Urlaub am Meer schon einmal gesehen und bist hoffentlich nicht draufgetreten: die seltsamen Tiere mit den langen schwarzen Stacheln. Seeigel sind sehr einfach aufgebaute Tiere, die bereits in der Kreidezeit schon genauso ausgesehen haben.

Schildkröte
Sie gehören zu den ältesten Landwirbeltieren der Welt: Schildkröten gab es schon lange vor den Dinosauriern, etwa vor 200 Millionen Jahren. Damals konnten sie bis zu vier Meter groß werden.

Pfeilschwanzkrebs
Diese Tiere gibt es bereits seit mehr als 400 Millionen Jahren. Zur Zeit der Dinosaurier sahen sie schon mehr oder minder aus wie die heute lebenden Pfeilschwanzkrebse.

Nautilus
Sie sind die einzigen überlebenden Kopffüßer mit einer äußeren Schale. Nautiliden gibt es schon seit 500 Millionen Jahren. Sie haben ein schillerndes Gehäuse aus Perlmutt, darum werden sie auch „Perlboote" genannt. Versteinerte Nautiliden kannst du häufig in Steinbrüchen finden.

Urzeittier als Lebensretter

Kommt das Blut des Pfeilschwanzkrebses in Kontakt mit kleinsten Spuren von Bakterien, verfestigt es sich und bildet ein Gel. Diese Reaktion nutzen Mediziner, um Bakterien in Impfstoffen oder Infusionen zu finden. So können Pfeilschwanzkrebse dabei helfen, Menschen vor schlimmen Infektionen zu bewahren.

Lückentext

Ergänze den Text mit Stickern vom Stickerbogen.

Forscherinnen und Forscher vermuten, dass die Dinosaurier ausstarben, weil ein ______ auf die Erde krachte. Normalerweise kreisen Asteroiden um die Sonne. Vor 66 Millionen Jahren schlug jedoch ein riesiger Asteroid in ______ ein und hinterließ dort einen ______, der einen Durchmesser von zehn Kilometern hatte. Außerdem wurden Erdbeben, ______ und ______ verursacht. Bäume brannten und es stieg ______ auf. Die Sonnenstrahlen kamen nicht mehr durch diese schwarze Schicht hindurch.

Die Temperatur fiel stark. Oberhalb der Rußschicht wurde es dagegen wärmer.

Die ______, die die Erde umgab, ging kaputt. Es war lange Zeit sehr dunkel auf der Erde. Die Pflanzen konnten keinen Sauerstoff mehr produzieren und starben.

So hatten die Pflanzenfresser nichts mehr zu essen und verhungerten. Schließlich hatten auch die Fleischfresser keine Nahrung mehr und **.**

Tiere der Urzeit

Viele kleinere Tiere haben im Gegensatz zu den Dinosauriern den Asteroideneinschlag überlebt. Bringe die Buchstaben in die richtige Reihenfolge und klebe Sticker zu den Tiernamen auf.

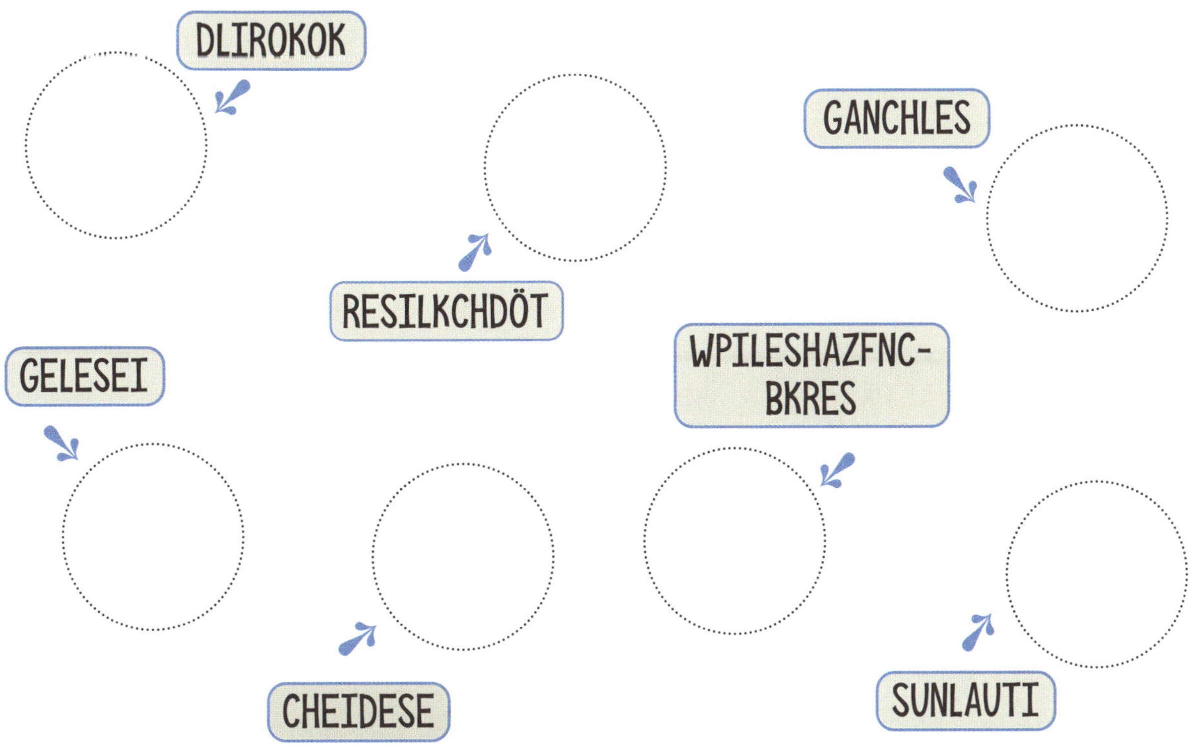

Was haben Dinosaurier und Vögel gemeinsam?

Welche Gemeinsamkeiten haben Dinosaurier und Vögel?
Kreuze die richtige Antwort an. Klebe danach den passenden Sticker auf.

1.
- ☐ Sie haben beide Federn.
- ☐ Sie haben beide Zähne.

2.
- ☐ Sie haben kurze Beine.
- ☐ Sie haben lange Beine.

3.
- ☐ Die Knochen sind hohl.
- ☐ Sie haben keine Knochen.

REKORDE

DER DINO MIT DEN MEISTEN HÖRNERN

Triceratops hatte drei Hörner. *Styracosaurus* hatte bis zu neun Hörner. Aber der Spitzenreiter unter den horntragenden Dinosauriern war *Kosmoceratops* mit sagenhaften 15 Hörnern auf seinem zwei Meter langen Schädel! Was genau er mit seinen vielen Hörnern gemacht hat, ist bis dato unklar. Vermutlich hat er damit bei den Dinosaurier-Weibchen ziemlich angegeben oder die Hörner zur Abwehr von Feinden benutzt.

KLÜGSTER DINO

Der vermutlich schlaueste Dinosaurier sieht einem Vogel Strauß sehr ähnlich: *Troodon* war wohl das Superhirn seiner Spezies. Es konnte mit seinen großen Augen auch nachts gut sehen. Sie waren nach vorn gerichtet, was ihm ein räumliches Sehen ermöglichte. Mit seinen langen Armen mit drei beweglichen Fingern konnte es auch kleine Tiere fangen. Forscher halten *Troodon* für einen Schlaumeier, weil es im Verhältnis zu seiner Körpergröße über ein extrem großes Hirn verfügte. Generell gelten Fleischfresser als etwas klüger als ihre pflanzenfressenden Kollegen. Ist ja auch ganz logisch: Bei der Jagd nach lebendiger Nahrung sind viel mehr Sinne gefordert als beim gemütlichen Mampfen von Blättern.

LANGHALS

Mamenchisaurus hatte den längsten Hals aller Dinosaurier. Der war bis zu 18 Meter lang – das ist ungefähr sechsmal so lang wie der Hals einer Giraffe! Er hatte 19 Halswirbel. Der Hals war etwa dreimal so lang wie der Rumpf beziehungsweise genauso lang wie Rumpf und Schwanz zusammen.

GRÖSSTES DINO-EI

Das größte Dinosaurier-Ei, das je gefunden wurde, hatte eine Länge von 30 Zentimetern und war 25 Zentimeter breit. Das Ei fasste einen flüssigen Inhalt von drei Litern. Es gehörte vermutlich einem *Hypselosaurus*, also einem Sauropoden.

REKORDVERDÄCHTIGE KRALLEN

Therizinosaurus hatte Arme von 2,50 Meter Länge und drei Finger mit jeweils 70 bis 100 Zentimeter langen, sichelförmigen Krallen. Trotz dieser scheinbar gefährlichen Waffen sind sich die Forscher nicht sicher, ob er ein Räuber war. Vieles spricht dafür, dass er bei seiner Nahrung nicht sehr wählerisch war und neben kleinen Tieren auch Pflanzen gefressen hat, also ein Allesfresser war. Vielleicht dienten die Krallen eher zur Verteidigung.

MONSTERWIRBEL

Brachiosaurus hatte trotz der Länge seines Halses von 11 Metern nur 14 Halswirbel. Damit war jeder Halswirbel durchschnittlich etwa 80 Zentimeter lang. Die Halswirbel waren damit doppelt so lang wie die Rückenwirbel.

GESCHWINDIGKEITSREKORD

Natürlich hat niemand je die Zeit bei einem Dinosaurier-Wettrennen gestoppt. Aber anhand von Fußabdrücken und Knochen können Forscher recht gut herausfinden, wie schnell die Tiere unterwegs gewesen sind.
Zu den schnellsten Dinosauriern gehörte wahrscheinlich *Ornithomimus*, der es sogar noch mit dem schnellsten Vogel der Welt aufnehmen würde: dem Vogel Strauß. 70 Kilometer pro Stunde war seine Spitzengeschwindigkeit. Warum er es so eilig hatte, weiß man nicht. Er fraß Pflanzen und kleinere Tiere wie Insekten und Echsen. Wahrscheinlich konnte er aber so seinen Feinden entkommen.

Gemächliche Sauropoden

Sauropoden liefen auf vier Beinen und hatten einen ähnlichen Gang wie Elefanten. *Diplodocus* zum Beispiel hat sich eher entspannt durch das Erdmittelalter bewegt. Auch die großen, gut gepanzerten Dinosaurier-Arten wie Ankylosaurier oder Stegosaurier hatten es nicht besonders eilig. Sie hatten keine Angst vor feindlichen Angriffen und mussten als Pflanzenfresser auch niemandem hinterherrennen.

Flotte Fleischfresser

Anders sah es bei den fleischfressenden Jägern aus. Sie bewegten sich auf zwei Beinen vorwärts – das sparte Zeit. Allerdings war wohl *Tyrannosaurus rex* längst nicht so schnell wie zunächst angenommen. Früher ging man von 50 Kilometern pro Stunde aus, heute sind es weniger als 30 Kilometer pro Stunde. Dagegen waren Velociraptoren wahrscheinlich viel schneller und wendiger und wären mit 60 Stundenkilometern noch im Stadtverkehr an einem Auto vorbeigezogen.

GRÖSSTER DINOSAURIER

In Patagonien, einem Gebiet in Argentinien, stolperte ein Bauer im Jahr 2012 zufällig über einen riesigen, seltsamen Gegenstand. Der entpuppte sich als Dinosaurier-Knochen. Wissenschaftler fanden später in der Gegend weitere 200 Versteinerungen und 60 Zähne. Allerdings wurden noch nicht alle Knochen gefunden. Daher können Forscher die Größe des gesamten Dinosauriers nur schätzen. Sie glauben, dass er vom Schwanz bis zur Schnauze bis zu 37 Meter lang war. Und er soll 70 Tonnen gewogen haben. Das ist ungefähr so viel wie eine voll besetzte Boeing 737 – ein ziemlich großes Flugzeug!
Er war ein Pflanzenfresser und hat vor rund 100 Millionen Jahren in Patagonien gelebt. Nach seiner Heimat wurde er *Patagotitan mayorum* genannt.

KLEINSTER DINOSAURIER

Skelette von winzigen Dinosauriern zu finden ist natürlich viel schwieriger als riesige Dinosaurierknochen. Einer der kleinsten bekannten Dinosaurier ist *Compsognathus*. Er ist ein Theropode und war ungefähr so groß und so schwer wie ein Huhn. Er hat vor rund 145 Millionen Jahren gelebt.

Weißt du das noch?

Beantworte die Fragen und klebe den passenden Sticker vom Stickerbogen ein.

1. Wie hieß der Dinosaurier mit den neun Hörnern?

2. Welcher Dinosaurier hatte die meisten Hörner?

3. Welcher kluge Dinosaurier hatte Ähnlichkeit mit einem Strauß?

4. Welcher Dinosaurier hatte einen 11 Meter langen Hals?

5. Welcher Dino hatte die längsten Krallen?

6. Wie hieß der gepanzerte Dino, der langsam lief?

7. Welcher Fleischfresser lief bis zu 30 Kilometer pro Stunde?

?!

Dinosaurier-Rekorde

Einige Dinosaurier stellten unglaubliche Rekorde auf. Ergänze die Vergleiche mit Stickern.

1. Patagotitan mayorum war so schwer wie ein:

2. Compsognathus war so klein wie ein:

3. Ornithomimus war so schnell wie ein:

4. Velociraptoren waren schneller als ein:

5. Der Hals von Mamenchisaurus war sechsmal so lang wie der Hals einer:

Dieser Triceratops will schnell seiner Herde folgen! Zeichne den Weg durch das Labyrinth ein.

ERFORSCHE DIE DINOSAURIER!

JETZT WEISST DU SCHON SO VIEL ÜBER DAS LEBEN DER DINOSAURIER UND DIE URZEIT, ES WIRD LANGSAM ZEIT, SELBST AKTIV ZU WERDEN! WAS MÖCHTEST DU MACHEN: FOSSILIEN IM STEINBRUCH AUSGRABEN? URZEITKREBSE ZÜCHTEN? ODER LIEBER EINE RAUSCHENDE DINOSAURIER-PARTY MIT DEINEN FREUNDEN FEIERN? DANN LOS! DU FINDEST IN DIESEM KAPITEL EIN PAAR TIPPS UND IDEEN, ABER DEINER FANTASIE SIND NATÜRLICH KEINE GRENZEN GESETZT.

FOSSILIEN AUSGRABEN

Wenn dich der Job eines Paläontologen interessiert, dann geh doch einfach selbst mal zum „Steineklopfen". Vielleicht wirst du nicht gleich einen ganzen *Tyrannosaurus rex* ausgraben, aber eine kleine Schnecke oder ein anderes versteinertes Urzeittier sind ja schon ein Anfang! Am einfachsten ist es, dorthin zu gehen, wo schon andere Fossiliensammler suchen: in Steinbrüchen. Im Internet findest du Karten, in denen Ausgrabungsstätten eingezeichnet sind. Vielleicht ist ja eine ganz in deiner Nähe und du kannst mit Freunden, Geschwistern oder Eltern einen Ausflug dorthin machen?

DAZU BRAUCHST DU:

- Alte Klamotten, die auch kaputt gehen dürfen
- Feste Schuhe, mit denen du dich nicht an Steinen verletzen kannst
- Kopfbedeckung, Sonnencreme und Wasser (im Steinbruch kann es sehr heiß werden)
- Schutzbrille, damit du keine Splitter in die Augen bekommst
- Arbeits- oder Gartenhandschuhe, um deine Finger zu schützen
- Eine alte Stofftasche oder einen Korb, um deine Fundstücke anschließend zu transportieren
- Eine Kamera, Zettel und Stift, um die Fundorte zu dokumentieren

Was findet man da so?

Häufig findet man in Steinbrüchen Ammoniten. Das sind ausgestorbene Kopffüßer, die aussehen wie eine Schnecke. Sie können ein bis 30 Zentimeter groß sein. Mit etwas Glück steckt aber auch mal ein versteinerter Fisch zwischen den Gesteinsplatten!

* **Werkzeug:** An vielen Steinbrüchen kannst du Werkzeug ausleihen. Allerdings ist oft nicht genug da, es kostet Geld und du verlierst wertvolle Zeit beim Anstehen. Besser ist es, den Werkzeugkasten zu Hause zu plündern. Schließlich brauchst du nicht sehr viele Dinge für deine Ausgrabungen:
  - Einen stabilen Hammer
  - Einen oder mehrere Meißel
  - Pinsel oder Bürste, um Staub und Sand zu entfernen

SO GEHT'S:

Versteinerungen kannst du von außen nicht sehen. Also musst du dein Glück einfach versuchen: Sie sind zwischen den einzelnen Schichten der Steinplatten verborgen. Du musst also sehr, sehr vorsichtig die verschiedenen Gesteinsschichten auseinanderklopfen, um etwas zu finden.

URZEITKREBSE ZÜCHTEN

Urzeitkrebse gehören zu den ältesten heute noch lebenden Tieren überhaupt. Erste Exemplare tauchten bereits vor 250 Millionen Jahren auf und haben sich bis heute in ihrem Aussehen kaum verändert. Ihr wissenschaftlicher Name lautet „Triops". Ihre Eier überdauern im trockenen Zustand mehr als 20 Jahre und du kannst sie zum Beispiel in Zoohandlungen kaufen oder im Internet bestellen. Das Züchten geht ganz einfach: Man füllt die Eier in einen Behälter mit Wasser und bei der richtigen Beleuchtung schlüpfen die Krebse innerhalb von 24 Stunden.

DAZU BRAUCHST DU:

- Einen durchsichtigen Behälter, der mindestens ein bis zwei Liter Wasser fasst
- Ein Aquarium, das mindestens fünf und höchstens 20 Liter Wasser enthält
- Pflanzen und Sand für das Aquarium
- Sauberes Fluss- oder Bachwasser
- Eine Lampe

Zuchtset

Am besten lässt du dir gleich ein Zuchtset schenken oder kaufst dir eins. Das kostet nicht viel und du kannst sicher sein, dass du alles hast, was deine kleinen Urzeitkrebse brauchen, um glücklich und lebendig zu bleiben.

SO GEHT'S:

1 Du füllst den kleinen Behälter mit ein bis zwei Liter sauberem Fluss- oder Bachwasser und gibst die getrockneten Triops-Eier in das Becken.

2 Zum Schlüpfen brauchen deine Krebse Licht und Wärme. Die Lichtquelle solltest du Tag und Nacht anlassen.

3 Nach 24 Stunden sind deine Krebse geschlüpft. Und nach zwei Wochen sind sie schon so gewachsen, dass du sie in das große Aquarium umsiedeln kannst.

WAS ESSEN URZEITKREBSE?

Triops sind Allesfresser. Nach dem Schlüpfen filtern die Krebse ihre Nahrung aus dem Wasser. Nach zwei bis drei Wochen vertragen sie auch Garnelen- oder Krebsfutter. Ab etwa vier Wochen können die Urzeittiere alles fressen. Sie freuen sich sogar über winzige Stückchen von deinem Schnitzel – und vor allem über Abwechslung!

Wie alt werden Triops?

Urzeitkrebse werden höchstens drei Monate alt. Allerdings legen sie in dieser Zeit so viele Eier, dass dein Aquarium niemals leer sein wird.

FEIERE EINE DINO-PARTY!

Mit etwas Fantasie kannst du deine Freunde zu einer Reise in die Urzeit einladen und mit ihnen eine Dino-Party feiern. Du kannst zum Beispiel für die Einladungskarten die Umrisse von einigen Dinos aus diesem Buch abzeichnen. Und wie wäre es mit einem kleinen Dino-Quiz? Du bist der Quizmaster und stellst die Fragen! Zum Beispiel: Vor wie vielen Jahren haben die Dinosaurier gelebt? Wer am nächsten dran ist, der bekommt ein Stück Kuchen. Oder ihr bastelt euch eure eigenen Flugsaurier!

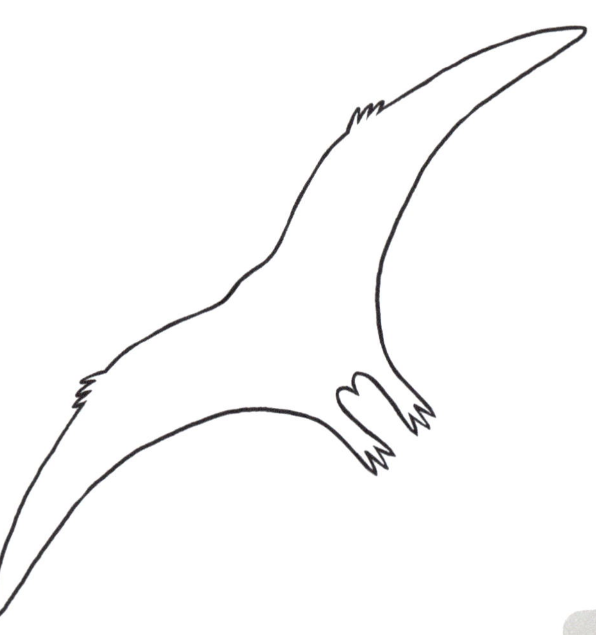

DAZU BRAUCHST DU:

- Farbigen Bastelkarton
- Wäscheklammer aus Holz
- Stifte, die auf Holz und Papier malen
- Schablone für den Körper des Flugsauriers

SO GEHT'S:

1 Du zeichnest den Umriss Flugsauriers auf Bastelkarton oder überträgst ihn mithilfe der Schablone.

2 Schneid den Saurierkörper aus und bemal ihn.

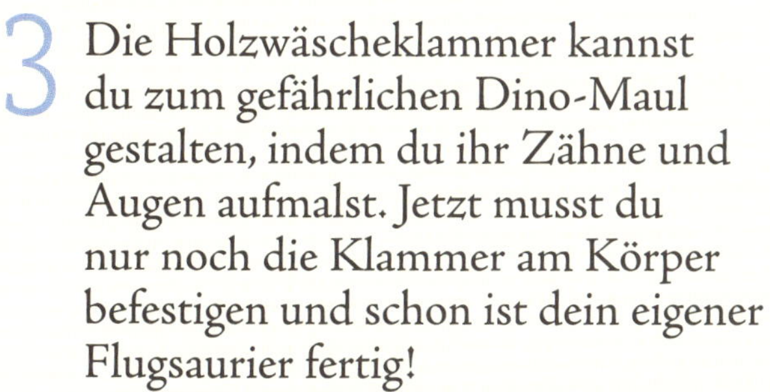

3 Die Holzwäscheklammer kannst du zum gefährlichen Dino-Maul gestalten, indem du ihr Zähne und Augen aufmalst. Jetzt musst du nur noch die Klammer am Körper befestigen und schon ist dein eigener Flugsaurier fertig!

BACKEN MIT DINOS

Schoko-Muffins sehen ohnehin aus wie kleine Vulkane, oder? So sorgst du für eine Überraschung: Schneid oben ein Loch in die Minikuchen und überzieh sie dann komplett mit flüssiger Schokolade. Nachdem der Schokoguss fest geworden ist, füllst du Brausepulver in jeden Muffin. Auf deiner Party darf jeder Gast ein klein wenig Zitronensaft in das Loch seines Muffins träufeln – und schon bricht der Vulkan direkt vor seinen Augen aus!

Du kannst auch eine leckere Sahnetorte backen und sie mit coolen Dinosaurier-Figuren dekorieren.

Viel Spaß!

Lösungen

Seite 14
Richtige Reihenfolge finden

Bakterien: 1, 

Amphibien und Reptilien: 2 ,

Pflanzenfressende Dinosaurier: 3,

Fleischfressende Dinosaurier: 4 ,

Mammut: 5 ,

Neandertaler: 6 

Welche Werkzeuge benutzen Dinoforscherinnen und -forscher?

PINSEL

MEISSEL

HAMMER

LAPTOP und HANDY

Seite 15
Bist du ein Dino-Experte?

Eine Versteinerung nennt man auch Fossil.

Pterosaurier sind Dinosaurier, die in der Luft leben.

Ichthyosaurier sind Fischsaurier.

Theropoden sind Fleischfresser auf zwei Beinen.

Sauropoden sind Pflanzenfresser.

Vogelbeckensaurier haben einen Hornschnabel.

Suchsel

R	A	D	I	O	A	K	T	I	V	R	T	E	T
O	E	U	E	D	I	E	R	K	I	N	I	M	T
C	R	O	M	A	G	N	O	N	T	A	R	T	E
O	H	D	A	N	V	P	T	N	P	R	A	S	L
K	O	P	R	O	L	I	T	H	R	V	I	A	E
M	E	M	U	K	I	O	Z	O	S	E	M	A	K
R	S	I	J	V	M	B	T	C	O	G	H	N	S

Seite 16
Kreuzworträtsel

1. Skelett; **2.** Mineralien; **3.** Wasser; **4.** Pinsel; **5.** Verhaltensweisen; **6.** Koprolithen; **7.** Zaehne; **8.** Duenger; **9.** Gestein; **10.** Pigmentreste

Lösungssatz: Mithilfe von **Radioaktivitaet** können Forscherinnen und Forscher herausfinden, wie alt ein Fundstück ist.

Seite 17
Unterschiede finden

Seite 44
Welchen Dinosaurier erkennst du?

Seite 45

Wer frisst was?

Stegosaurus: Pflanzen; **Archäopteryx:** Insekten; **Elasmosaurus:** Tintenfische; **Allosaurus:** Fleisch; **Oviraptor:** Muscheln; **Pteranodon:** Fische

SEITE 46

Weißt du das noch?

1. Eoraptor ; **2.** Diplodocus ;

3. Stegosaurus ; **4.** Ankylosaurus ;

5. Giganotosaurus ; **6.** Oviraptor ;

7. Iguanodon ; **8.** Velociraptor 

SEITE 47

Dinosaurier-Sudoku

Seite 54

Lückentext

Forscherinnen und Forscher vermuten, dass die Dinosaurier ausstarben, weil ein **Asteroid** auf die Erde krachte. Normalerweise kreisen Asteroiden um die Sonne. Vor 66 Millionen Jahren schlug jedoch ein riesiger Asteroid in **Mexiko** ein und hinterließ dort einen **Krater**, der einen Durchmesser von zehn Kilometern hatte. Außerdem wurden Erdbeben, **Tsunamis** und **Vulkanausbrüche** verursacht. Bäume brannten und es stieg **Ruß** auf. Die Sonnenstrahlen kamen nicht mehr durch diese schwarze Schicht hindurch. Die Temperatur fiel stark. Oberhalb der Rußschicht wurde es dagegen wärmer. Die **Ozonschicht**, die die Erde umgab, ging kaputt. Es war lange Zeit sehr dunkel auf der Erde. Die Pflanzen konnten keinen Sauerstoff mehr produzieren und starben. So hatten die Pflanzenfresser nichts mehr zu essen und verhungerten. Schließlich hatten auch die Fleischfresser keine Nahrung mehr und **starben**.

Seite 55

Tiere der Urzeit

Krokodil

Schildkröte

Schlange

Seeigel

Eidechse

Pfeilschwanzkrebs

Nautilus

Was haben Dinosaurier und Vögel gemeinsam?

1. Sie haben beide Federn. 

2. Sie haben lange Beine. 

3. Die Knochen sind hohl. 

SEITE 60

Weißt du das noch?

1. Styracosaurus ; **2.** Kosmoceratops ;

3. Troodon ; **4.** Brachiosaurus ;

5. Therizinosaurus ; **6.** Ankylosaurus ;

7. Tyrannosaurus rex 

SEITE 61
Dinosaurier-Rekorde

1. Flugzeug (Boeing 737) ;
2. Huhn ; 3. Vogel Strauß;
4. Auto ; 5. Giraffe

Labyrinth

REGISTER

Die fett gedruckten Seitenzahlen verweisen auf die Haupteinträge.